HISTOIRE AMOUREUSE DES GAULES

BUSSY-RABUTIN

HISTOIRE AMOUREUSE DES GAULES

Chronologie et préface
par
Antoine Adam

GF Flammarion

ISBN 2-08-070130-4

CHRONOLOGIE

1618 : Le 13 avril, Roger de Rabutin, comte de Bussy, fils de Léonor de Rabutin et de Diane de Cugnac, naît à Epiry, Bourgogne.

1627 : Il commence ses études au collège des Jésuites d'Autun.

1629 : Il entre au collège de Clermont à Paris.

1634 : Ses premières études terminées, il entre dans la carrière des armes et fait sa première campagne en Lorraine.

1638 : Son père se démet de son régiment entre ses mains. Il devient mestre de camp d'infanterie. Il prend part, au cours des années suivantes, aux campagnes sur la frontière du nord-est.

1641 : Pendant qu'il tient garnison autour de Moulins, les soldats de son régiment se livrent à des désordres. Il en est tenu responsable et passe cinq mois à la Bastille.

1643 : Le 28 avril, il épouse Gabrielle de Toulongeon.

1644 : Il achète la charge de capitaine-lieutenant de la compagnie de chevau-légers d'ordonnance du duc d'Enghien.

1645 : A la mort de son père, il lui succède dans la charge de lieutenant de roi en Nivernais. Il fait campagne sur le Rhin.

1646 : Il fait campagne en Flandre. A la fin de l'année, mort de sa femme.

1647 : Il fait, sous les ordres de Condé, la campagne de Catalogne.

1648 : Il fait campagne en Flandre. Enlèvement ridicule de Mme de Miramion.

1649 : Condé fait éclater son affection exclusive pour le petit Guitaut, et manifeste de toutes manières à Bussy sa malveillance.

1650 : Bussy se remarie avec Mlle de Rouville. Malgré les affronts reçus, il reste d'abord fidèle à Condé dans son conflit déclaré avec la cour.

1651 : Bussy est réduit à céder au petit Guitaut sa charge de capitaine-lieutenant de la compagnie de chevau-légers d'ordonnance de Condé. Il prend dès lors le parti de la cour, et maintient le Nivernais dans l'obéissance du roi.

1653 : Bussy sert sous les ordres de Turenne dans la campagne d'Argonne. Début de sa liaison avec Mme de Montglas. Bussy achète la charge de mestre de camp de la cavalerie légère de France.

1654 : Campagne de Catalogne sous les ordres du prince de Conty. Bussy collabore, semble-t-il, avec le prince, et ils composent la *Carte du pays de Braquerie* sur des femmes de l'aristocratie.

1655 : Bussy fait sous les ordres de Turenne la campagne de Sambre et d'Escaut.

1656 : Il prend part aux opérations autour de Valenciennes.

1657 : Campagne d'Artois.

1658 : Campagne en Flandre maritime. Bataille des Dunes. C'est pour subvenir aux frais de cette campagne que Bussy demanda inutilement de l'argent à sa cousine, Mme de Sévigné.

1659 : Au mois d'avril, Bussy, en compagnie de Vardes, Manicamp, Vivonne, Philippe Mancini et de l'abbé Le Camus, passe les Vendredi saint, Samedi saint et matin de Pâques, au château de Roissy, qui appartient à la belle-mère de Vivonne. L'opinion les accuse, et probablement à bon droit, d'y avoir fait des folies. Pour sa part, Bussy reçoit un ordre d'exil en Bourgogne. En novembre il obtient la permission de rentrer à Paris, mais non pas de se présenter à la cour.

1660 : Mme de Montglas tombe malade à Lyon. Bussy y court et passe quinze jours avec elle. Il revient à Bussy, et c'est là qu'il compose l'*Histoire amoureuse des Gaules*. Il est à Paris le jour où Louis XIV y fait son entrée avec la jeune reine (26 août). En octobre, il obtient la permission de se présenter à la cour.

1661 : Bussy fréquente la cour, à Paris et à Fontainebleau. Mais il se rend compte que le roi ne l'aime pas.

1662 : A la fin de l'année, Bussy lit l'*Histoire amoureuse des Gaules* à quelques amis, et prête le manuscrit, pour quarante-huit heures, à Mme de la Baume.

1663 : Au mois de mai, il passe cinq jours à Saint-Fargeau, auprès de Mademoiselle. Rentré à Paris, il apprend que le texte de l'*Histoire amoureuse des Gaules* est « assez public ». Il va voir Mme de la Baume. Elle nie si absolument avoir montré le manuscrit qu'il accepte de la croire.
Au mois d'août, il fait la campagne de Marsal, en Lorraine.

1664 : Mme de Sourdis, brouillée avec Mme de la Baume, révèle à Bussy la trahison de cette dame, avec des preuves qui ne peuvent être niées. Bussy s'en va faire à Mme de la Baume une scène violente. A partir de ce moment, elle sera sa pire ennemie.
Le 23 mai, la cour est à Fontainebleau. Le roi dit à Le Tellier qu'il est mécontent de Bussy, que celui-ci a fait des plaisanteries sur quelques personnes qu'il aime. Bussy a appris plus tard qu'à ce moment il avait été sur le point d'être arrêté. Il sera désormais « marqué sur le papier rouge ». Sans savoir ces précisions, il sent que sa situation est dangereuse. Mais Le Tellier le rassure un peu en lui disant qu'à son avis il s'agit de « quelques vieux péchés renouvelés ». De son côté, le duc de Saint-Aignan, qui a un accès quotidien auprès du roi, assure que le prince est détrompé des calomnies répandues contre Bussy.
Cette année-là, Bussy écrit des *Maximes d'amour* en vers. Elles plaisent au roi et à Monsieur.

1665 : Au début de l'année, Bussy est élu membre de l'Académie française, et cette élection est ratifiée par le roi.
A la fin de mars, Bussy apprend que l'*Histoire amoureuse des Gaules* court le monde et qu'elle y fait grand bruit. Deux jours plus tard, le roi s'en va faire un court pèlerinage à Chartres. Bussy le suit.
Le 26 mars au soir. le roi est de retour au Louvre. Bussy porte son manuscrit autographe au duc de Saint-

Aignan pour qu'il le montre au roi. Louis XIV garde le manuscrit quatre jours. Bussy a ensuite une conversation avec le prince et pense que celui-ci est satisfait. Mais le lendemain, une dame écrit au roi contre Bussy et obtient une audience qui aurait duré plusieurs heures.

Le roi est maintenant convaincu que Bussy l'a trompé, que le manuscrit montré n'était pas complet et qu'il avait « bien d'autres suites ».

Bussy a une altercation avec La Feuillade, qui a appris comment Bussy parlait de lui dans l'*Histoire amoureuse des Gaules.*

Bussy apprend que Mme de la Baume a interpolé dans son *Histoire* des traits injurieux pour quantité de personnes de la cour.

Le 2 avril, Condé écrit à la reine de Pologne que l'histoire attribuée à Bussy fait scandale, que lui, Condé, n'y est pas oublié, qu'il n'a pas lu l'ouvrage, qui est rare, que Bussy le désavoue, mais que « le bruit commun n'est pas bon pour lui ».

La comtesse de Soissons a parlé au roi contre Bussy. Elle lui a affirmé que celui-ci avait parlé sans respect de Sa Majesté dans l'*Histoire amoureuse des Gaules.*

Le 12 avril, Bussy rédige une déclaration solennelle. Il atteste qu'il n'a pas dit la moindre chose qui manquât au respect dû au roi, aux deux reines, à Monsieur et à Madame, aux personnes de la famille royale. Il charge le duc de Saint-Aignan de remettre cette déclaration au roi.

Le 16 avril, Bussy est arrêté et conduit à la Bastille. Il est mis au secret.

Le 19 avril, le lieutenant criminel Tardieu procède à l'interrogatoire de Bussy. Ses questions portent surtout sur deux points : si Bussy a manqué de respect au roi; si le prince de Condé est maltraité dans l'*Histoire amoureuse des Gaules.*

Une lettre de Marigny en date du 24 avril, un rapport de l'ambassadeur de Venise, du même jour, relèvent avant tout que l'*Histoire amoureuse* serait offensante pour Condé. Guy Patin, dans une lettre du 28 avril, dit que Bussy a été arrêté sur plainte de Condé.

Le 9 juillet, un jésuite est autorisé à voir Bussy.

Le 12 septembre, Bussy adresse au duc de Saint-Aignan une longue lettre où il développe ses défenses.

Au mois de décembre, Bussy reçoit l'ordre de céder sa charge de mestre de camp général de la cavalerie légère.

1666 : Au mois de février, Bussy apprend que le libraire Foppens, de Bruxelles, se dispose à imprimer un libelle sous son nom. Bussy écrit à Colbert pour le prier de prévenir cette manœuvre. Colbert ne répond pas. Il n'en est pas moins certain qu'il ordonna une enquête. Un libraire d'Amiens et un libraire de Paris furent arrêtés (pièces des 14 février, 20 avril et 20 mai 1666 dans les *Archives de la Bastille*). Le commissaire Picard mena cette enquête à la satisfaction de Bussy.
Le 15 mai, Bussy, malade, sort de la Bastille pour être opéré par le chirurgien Dalancé. Il est soigné chez ce chirurgien. Le 10 août, il reçoit l'autorisation de se retirer à Bussy. Il part le 6 septembre.
Le 15 septembre, au cours d'une perquisition de police au Bourget, on trouve parmi les ouvrages jetés dans la fosse d'aisances des « feuilles, commencements et titres » de l'*Histoire amoureuse des Gaules* (à moins qu'il ne s'agisse d'une confusion commise par les policiers, et qu'ils aient en réalité trouvé l'*Histoire du Palais-Royal*).

1672 et **1676** : Bussy est autorisé à revenir à Paris pour de courts séjours.

1681 : Il reçoit l'autorisation d'y revenir de façon définitive.

1682 (12 avril) : Bussy est autorisé à se présenter au lever du roi. Il a pendant huit jours l'impression que sa disgrâce est terminée. Il s'aperçoit de son erreur, et retourne à Bussy.

1687 : Il revient à Paris et se montre à la cour. En 1688, il rentre en Bourgogne.

1690 (avril) : Il revient à la cour, y reste deux mois, puis rentre définitivement à Bussy.
Il meurt à Autun le 9 avril 1693.

PRÉFACE

L'Histoire amoureuse des Gaules est l'une des œuvres de notre littérature qui ont été le plus souvent rééditées. Elle reste, après trois siècles, un objet de curiosité pour les esprits cultivés. Cet intérêt s'explique par plusieurs raisons. Et d'abord par la catastrophe que l'ouvrage attira sur son auteur, et par le mystère qui continue d'entourer sa composition.

En 1660, le comte de Bussy-Rabutin passe le mois de juillet dans son château de Bussy, en Bourgogne. C'est au cours de ces quatre semaines qu'il compose quelques historiettes groupées sous le titre d'*Histoire amoureuse des Gaules*. Il ne les destine pas à l'impression. Il se propose d'en amuser sa maîtresse la marquise de Montglas. C'est ce que plus tard il a dit et redit. Nous pourrions douter de cette affirmation et n'y voir qu'un commode moyen de défense. Il est pourtant exact que pendant plus de deux ans, personne ne semble avoir eu connaissance de l'ouvrage, de son texte, et même de son existence.

C'est à la fin de 1662 que Bussy commet l'imprudence qui le perdra. Si les trois ou quatre amis auxquels il fait la lecture de son *Histoire amoureuse* sont des gens sûrs, il n'en va pas de même de Mme de la Baume. Cette femme est universellement décriée. Or il ne se borne pas à lui donner lecture de son ouvrage. Il lui prête son manuscrit pour quarante-huit heures, et naturellement elle le copie. Si bien qu'au mois de mai 1663, Bussy apprend que son récit est « assez public ». Il court au couvent où vit Mme de la Baume, il lui demande de s'expliquer. Elle proteste de sa discrétion. Elle le fait avec tant de force qu'il accepte de la croire.

Le calme alors revient, et dure encore un an. Mais en

1664 une femme, Mme de Sourdis, qui vient de se brouiller avec Mme de la Baume, rend visite à Bussy, et lui met sous les yeux une copie de l'*Histoire amoureuse des Gaules*, preuve matérielle et décisive que Mme de la Baume l'a trompé. Bussy fait à la coupable une scène dont nous pouvons imaginer la violence. Elle devient dès lors sa mortelle ennemie.

Les conséquences apparaissent bientôt. Le bruit se répand que Bussy a fait des plaisanteries sur des personnes du plus haut rang : on nomme en particulier Madame Henriette d'Angleterre et la comtesse de Soissons. Le scandale s'étend. Au mois de mars 1665, il atteint de telles proportions que Bussy n'y voit plus qu'un remède. Puisque ses ennemis ont réussi à tromper le roi, il est nécessaire de l'éclairer, et pour cela il suffira de déposer entre ses mains le manuscrit autographe de l'œuvre réputée scandaleuse. Louis XIV prend donc connaissance de l'*Histoire amoureuse des Gaules*. Et d'abord il se rassure. Il constate que Bussy n'a parlé, ni de lui, ni de sa mère, ni de Madame. Mais certaines démarches sont faites alors auprès de lui. Elles réussissent à le convaincre que Bussy lui a menti, que le manuscrit qu'il lui montra n'était pas complet, que certains passages blessaient sa personne royale et celle de sa mère. C'est en vain que Bussy, alerté, tente une dernière démarche, fait remettre au roi une déclaration solennelle et signée où il jure de son innocence. Le 16 avril 1665, le comte de Bussy-Rabutin, mestre de camp général de la cavalerie légère de France, est enfermé à la Bastille et mis au secret.

Il y resta treize mois, et ne sortit de prison que privé de sa charge, exilé dans sa province, frappé d'une disgrâce définitive.

Toute cette affaire reste mystérieuse. Comment expliquer qu'en 1664 la cour ait pu croire que Bussy avait médit de Madame et de la comtesse de Soissons, puisque l'*Histoire amoureuse des Gaules* n'en dit pas un mot ? Comment l'*Histoire amoureuse* aurait-elle manqué de respect à la reine mère, qui n'y figure pas, ne fût-ce que par une allusion ? Tout se passe comme si l'opinion avait attribué à Bussy les *Alléluias* de Roissy ou encore l'un ou l'autre des libelles qui commencèrent alors à circuler, et qui déchiraient la réputation de certaines personnes de la famille royale. Mais nous sommes incapables de décider si ces rumeurs étaient le résultat d'une manœuvre concertée, ou si, plus simplement, l'opinion se bornait à mettre sur le dos de cet homme connu pour ses médisances des écrits dont elle ne réussissait pas à découvrir les auteurs.

Nous ne savons pas non plus de façon certaine le détail des démarches qui furent faites auprès du roi au début d'avril 1665. Dans une lettre à Saint-Aignan, Bussy nomme la comtesse de Soissons. Mais il a parlé ailleurs d'une Mme de ***, en des termes qui semblent désigner Mme de la Baume. Dans le même sens, l'ambassadeur de Venise écrit au doge qu'une femme, qui est clairement Mme de la Baume, a passé plusieurs heures avec le roi, et l'a entretenu des médisances de Bussy. L'incertitude qui règne sur ces démarches ne permet pas de se former sur l'affaire un jugement sûr.

Enfin, et c'est là le plus grave, nous ne saurions dire si le texte actuel est ou n'est pas l'état primitif et authentique de l'ouvrage. Bussy n'a cessé d'affirmer qu'en 1664 Mme de la Baume avait introduit dans son *Histoire amoureuse* quantité d'additions qui en modifiaient le caractère et la transformaient en libelle. Nous ne sommes pas obligés de le croire, mais nous n'avons pas le droit d'ignorer ses protestations. Et ce qui mérite d'être relevé d'une façon particulière parce que les éditeurs de l'*Histoire amoureuse des Gaules* ne l'ont pas jusqu'ici remarqué, c'est que tel passage sur le légat Chigi et la duchesse de Créquy ne peut avoir été écrit avant le mois de juillet 1664, et ne peut du même coup appartenir au fond primitif de l'ouvrage. Cette interpolation prouvée autorise tous les soupçons et justifie, en droit strict, les dénégations de Bussy.

Si l'*Histoire amoureuse des Gaules* provoqua un tel scandale, c'est qu'elle mettait en scène, et sous un jour fâcheux, certains personnages qui occupaient un rang élevé à la cour. Pour tout dire, les médisances de Bussy n'apportaient pas autant de révélations que nous serions tentés de croire, et leurs prétendues victimes se trouvaient, depuis plusieurs années, parfaitement déshonorées. Tout le monde savait que la comtesse d'Olonne, après avoir été une « précieuse », était devenue une Messaline. La vertu de la duchesse de Châtillon était une idée qui faisait rire. Quand Bussy faisait apparaître sous un jour cru la corruption de Manicamp, il ne disait rien qui dût offenser la pieuse reine mère. Celle-ci s'effrayait de l'influence que ce jeune débauché pouvait prendre sur son fils, et n'ignorait pas qu'il rêvait d'apprendre au prince « le blasphème et d'autres vices plus florentins que français ». Comment aurait-on reproché à Bussy le portrait qu'il traçait de

Guiche et de Vardes ? N'avait-il pas fallu, en 1662, envoyer le premier à l'étranger pour délivrer Madame de ses assiduités ? et la querelle de Guiche et de Vardes, en 1664, ne venait-elle pas de faire apparaître des intrigues de l'espèce la plus basse, qui justifiaient les récits scandaleux de l'*Histoire amoureuse des Gaules* ?

Mais il n'était pas bon d'accumuler tant de traits et de si cruels, qu'au-delà des individus, la société monarchique était atteinte. Il était imprudent de blesser le respect qui s'attachait aux plus grands noms. La Feuillade avait la réputation d'être la plus belle figure du héros français, et Bussy se moquait de lui. La famille des La Rochefoucauld était une des premières du royaume, et l'écrivain parlait de Marsillac comme d'un stupide. Enfin si le roi tenait à l'écart le Grand Condé, celui-ci n'en était pas moins prince du sang. Il ne pouvait tolérer le cruel portrait que l'*Histoire amoureuse* faisait de lui. Il protesta auprès du roi, et les contemporains sont d'accord pour penser que ce fut sa démarche qui décida de la perte de Bussy.

Mais c'est précisément cette peinture d'une société qui mérite de retenir notre attention. Elle est, sans aucun doute, d'une redoutable pénétration. Elle ne se ramène pas à une sotte énumération de scandales. Elle ne ressemble pas aux histoires romancées dont notre époque s'engoue, et qui donneraient à croire que dans le passé tous les hommes étaient des faunes, et toutes les femmes des bacchantes. Regardons-y de plus près. Beaucoup, parmi les héros de Bussy, ne sont pas tellement pressants. Ils préfèrent « badiner », puis trouver des gens de facile créance pour croire à leurs conquêtes. Il leur plaît de donner du dépit à un rival, et souvent ils se mettent peu en peine de la conclusion. L'attention de l'écrivain va bien moins aux conduites scandaleuses qu'aux ressorts cachés, vanité, malice, volonté de puissance, qui en sont l'explication.

Les femmes, de même, obéissent moins à un sentiment passionné ou aux exigences de leurs sens qu'à l'esprit d'intrigue et à la cupidité. Nous voyons la comtesse d'Olonne qui vend ses faveurs, et en discute le tarif sans pudeur. La duchesse de Châtillon n'est pas moins cupide. Elle ajoute seulement à son avarice une ambition effrénée qui prétend jouer un rôle dans la politique et mettre à ses genoux, à la fois, Mazarin et Condé.

C'est ainsi que l'*Histoire amoureuse des Gaules* nous offre un tableau tout à fait remarquable de la société française, à un moment de son histoire qui fut probablement décisif. Les mœurs s'étaient, jusqu'à la mort de Richelieu, maintenues dans les cadres traditionnels. Elles n'excluaient sans doute pas les inévitables désordres. Mais un code rigoureux imposait aux hommes, à l'égard des femmes de leur rang, des manières respectueuses. La femme, de son côté, devait s'interdire toute apparence de facilité, sous peine de se déshonorer. Après la mort de Richelieu, au temps de la « bonne Régence », la vieille discipline s'était affaiblie. Les troubles de la Fronde, la guerre étrangère avaient mis à la mode le cynisme et les éclats scandaleux. A lire les mémorialistes de l'époque, nous comprenons à quel point la peinture que Bussy nous propose des mœurs contemporaines est exacte, et nous l'admirons d'être allé directement à l'essentiel.

Il y a mis, au surplus, un juste souci des nuances. Son *Histoire amoureuse* est le contraire d'une caricature. Gardons-nous de croire que Bussy soit incapable de parler avec estime de ceux qui le méritent. Il aimait Mademoiselle de Montpensier, il l'admirait : son nom, dans l'*Histoire amoureuse des Gaules*, est accompagné d'un hommage plein de ferveur. Quantité de personnages apparaissent dans le récit sans un mot de critique ou de raillerie. Il ne serait même pas juste de prétendre que Bussy soit incapable de discerner la part de délicatesse morale chez les plus fâcheuses de ses héroïnes, et Mme de Châtillon elle-même accueille sévèrement les avances de Nemours : il est vrai qu'elle n'en est encore qu'à ses débuts.

Pour interpréter l'*Histoire amoureuse des Gaules* de façon tout à fait exacte, il importe d'ailleurs de prendre garde à la valeur véritable de certains mots. Chacun sait que les termes d'*amant* et de *maîtresse* n'ont pas alors le même sens qu'aujourd'hui. Mais il faut préciser. Dans cette société mondaine où la galanterie est la suprême loi, tout « honnête homme » se doit d'être l'*amant* d'une dame. Le mot ne signifie, en soi, rien de déshonnête. Il implique l'idée d'une cour plus ou moins assidue et d'hommages galants. Une honnête femme peut avoir, sans honte, plusieurs *amants*. D'où les contresens que le lecteur d'aujourd'hui pourrait aisément commettre. Lorsque Bussy nous assure que Mme de Sévigné « aime mieux un amant qu'un ami », il ne prétend pas insinuer quelque calomnie contre sa cousine. Il veut dire seulement qu'elle aimait qu'on lui fît la cour et qu'on eût à son égard, les manières de la « belle galanterie ».

Dans un long développement de son *Histoire amoureuse des Gaules*, Bussy s'est attardé à décrire de façon méthodique les caractères de la débauchée, de la coquette et de celles qu'il appelle les honnêtes maîtresses. La sottise d'un commentateur s'est permis de trouver cette partie inutile et ennuyeuse. Il est vrai qu'elle n'a pas le piquant des autres. Mais elle en donne, en quelque sorte, la clef. Elle nous aide à faire ce qu'on pourrait appeler la typologie des dames de la haute société à cette époque. Enseignement précieux, et d'un intérêt qui ne concerne pas seulement l'œuvre de Bussy. Car il éclaire certaines parties du *Misanthrope*. Si les historiens de Molière hésitent parfois quand ils en viennent à parler de Célimène, c'est qu'ils négligent la description que Bussy nous donne des divers types de coquettes. Ils comprendraient que Célimène est de celles « qui trouvent de la gloire à se voir aimées de beaucoup de gens sans en avoir aimé aucun ». Et comment ne pas évoquer Célimène humiliée quand Bussy annonce à cette sorte de coquettes l'inévitable châtiment « parce que cela donne de la jalousie aux mécontents, et enfin du dépit, qui leur fait dire tout ce qu'ils savent, et ce qu'ils ne savent pas ».

Peinture d'un moment des mœurs françaises, l'*Histoire amoureuse des Gaules* mérite donc de nous intéresser. Mais elle est aussi une œuvre littéraire, et sous cet aspect également elle est digne de toute notre attention.

Si nous voulons l'apprécier de façon exacte, nous devons nous représenter les intentions de Bussy lorsqu'en juillet 1660 il décide de l'entreprendre. Son dessein n'est pas de faire circuler une œuvre qui diffame certains de ses contemporains. Il veut amuser Mme de Montglas. Son *Histoire amoureuse des Gaules* est avant tout une œuvre qui vise à divertir, et quel moyen meilleur de le faire que d'écrire un « roman satirique », un roman qui s'inspire du *Satiricon* de Pétrone et en reproduise les qualités charmantes ?

Ce goût pour Pétrone n'était d'ailleurs pas particulier à Bussy. Quand il était à l'état-major du prince de Condé, il avait fréquenté Saint-Evremond, qui était un admirateur passionné de l'écrivain latin. Le capitaine des gardes de Condé, un certain Galaup de Chasteuil, avait traduit le *Satiricon*. On nous dit que Bussy, Vivonne et le chevalier de Rancé avaient commencé la même entreprise et qu'ils l'abandonnèrent ensuite. Dans le monde que Bussy fréquente, on pense que Pétrone est le parfait modèle de l'« honnête homme » : esprit libre, parfaitement détaché des préjugés, observateur ironique des ridicules, soucieux d'élégance et de raffinement. Bussy veut, dans son *Histoire amoureuse*, rivaliser avec ce grand homme. Il le veut si bien que, sans le dire, il introduit dans son *Histoire* plusieurs pages exactement traduites du *Satiricon*. Un érudit du XIXe siècle fit cette découverte. C'était là beaucoup plus qu'un détail curieux. Elle nous permet de comprendre cette vérité souvent méconnue que l'*Histoire amoureuse des Gaules* n'a pas la prétention d'être une véritable histoire, et qu'elle est, bien plutôt, un « roman satirique ».

Ce mot désignait, au XVIIe siècle, un genre littéraire qui avait ses traditions et ses règles. Il ne se réclamait pas seulement de Pétrone et d'Apulée. Il avait produit, au début du XVIIe siècle, quelques œuvres qui demeuraient très lues et fort admirées, notamment les romans néolatins de Barclay, l'*Euphormio* et l'*Argenis*. Ces « romans satiriques » peignaient certaines parties de la société contemporaine, ils introduisaient dans la trame du récit des personnages et des épisodes connus, et sous des pseudonymes qui rappelaient les héros de Pétrone ils multipliaient les portraits de telle façon qu'ils pouvaient passer pour des romans à clef. Ajoutons qu'ils ne manquaient pas de scènes libres ou scabreuses, et que sur ce point encore ils se plaçaient dans la ligne de Pétrone.

Chacun de ces traits nous mène à l'*Histoire amoureuse des Gaules*, et nous comprenons mieux, par les rapprochements qu'ils suggèrent, combien l'œuvre de Bussy se rattache à un genre où l'ambiguïté était essentielle puisque l'histoire et l'invention romanesque y étaient en possession de se combiner librement. Dans sa lettre au duc de Saint-Aignan, le 12 septembre 1665, Bussy s'est expliqué sur le caractère de son malheureux ouvrage. « Je me mis, dit-il, à écrire une histoire, ou plutôt un roman satirique... » Il avait raison, et c'est ce qui lui avait permis de conter les liaisons parfois vraies, parfois imaginaires, des hommes et des dames de la cour sans avoir pourtant le sentiment de faire œuvre de pamphlétaire. En quoi il commettait une grande imprudence, mais non pas tout à fait une mauvaise action.

Tout récemment, et dans un monde que Bussy fréquentait, un nouveau divertissement littéraire était né. La *Galerie des Portraits*, réunie par les soins de Mademoiselle de Montpensier, provoquait de tous côtés des imitations. Voilà qui peut éclairer les portraits nombreux que nous trouvons dans l'*Histoire amoureuse des Gaules*, et le plus fameux d'entre eux, celui de Mme de Sévigné. Il est, sans nul doute, d'une grande méchanceté. Il est injuste et perfide. Nous comprenons sans peine que Mme de Sévigné en ait souffert. Mais il est aussi, il était surtout, pour Bussy, un jeu, comme l'étaient tous ces portraits qui circulaient alors dans les salons et faisaient l'amusement du beau monde. Nous comprenons que Corbinelli, sincère ami pourtant de Mme de Sévigné, ait avoué un jour qu'il venait de le lire et de le relire, et qu'il en avait bien ri.

Au XVIIe siècle, l'*Histoire amoureuse des Gaules* fut admirée par ceux-là mêmes qui n'aimaient pas Bussy et qui réprouvaient les médisances dont son œuvre était pleine. Il fut considéré comme l'héritier le plus direct de Pétrone, de son élégance, de sa lucidité, de la pureté de son style. Pour reprendre la formule du comte de Gramont, il avait fait revivre Pétrone, il surpassait Voiture par la pureté de la « diction » qu'il s'était formée. Dans son *Parallèle des Anciens et des Modernes*, l'honnête Charles Perrault plaçait Bussy parmi les écrivains de notre langue qui honoraient les Modernes et pouvaient rivaliser avec les auteurs grecs et latins. « Nous avons parmi nous, écrivait-il, un auteur de même nature que Pétrone, qui narre avec autant de netteté et plus de politesse que cet arbitre des élégances. » Saint-Evremond lui-même, qui n'aimait pas le Bussy flagorneur et papelard des dernières années, rendait justice aux qualités littéraires de l'*Histoire amoureuse des Gaules*. Il louait la pureté de son élocution, ses expressions naturelles, nobles et concises. Il admirait surtout ses portraits. Ils ont, écrivait-il, « une grâce négligée, libre et originale qu'on ne saurait imiter ». L'essentiel de l'*Histoire amoureuse* est là en effet, et non pas dans le caractère médisant ou scabreux de ses narrations.

C'est dans cet esprit que le lecteur abordera l'œuvre de Bussy. Qu'il s'attende d'ailleurs à rencontrer sur sa route quelques difficultés. L'*Histoire amoureuse des Gaules* décrit un monde qui n'est plus le nôtre. Cette aristocratie qui demeurait oisive dès que les armées cessaient de se rencontrer sur les frontières, occupait ses journées à des intrigues si savamment enchevêtrées que nous nous y perdons parfois. Ces dames avaient en vérité trop d'amants, ces gentilshommes prétendaient à trop de maîtresses, et nous peinons un peu à les suivre. Cette difficulté s'aggrave lorsqu'aux intrigues amoureuses se mêlent les manœuvres de la politique. La duchesse de Châtillon avait joué, entre Mazarin et Condé, un jeu infiniment compliqué.

Bussy savait que Mme de Montglas trouverait plaisir à en apprendre l'histoire. Nous n'avons plus les mêmes curiosités.

Nous goûterons au contraire l'admirable justesse des mots, la netteté rapide de la phrase, l'élégance du ton. Nous serons sensibles à la subtilité des notations. Il nous plaira de découvrir l'ironie de certaines formules : une ironie qui se laisse deviner, mais qui n'insiste pas. Nous comprendrons que la prose de Bussy, c'est déjà la prose du siècle suivant, celle de sa première moitié surtout, c'est-à-dire de la plus subtilement intelligente, de la plus pure des proses que notre littérature ait jamais possédées.

Antoine ADAM.

BIBLIOGRAPHIE

Il n'existe naturellement aucune édition de l'*Histoire amoureuse des Gaules* procurée et reconnue par Bussy-Rabutin. Les plus anciennes éditions ne portent ni le nom du libraire, ni l'indication de la ville, ni la date. L'une d'elles porte pourtant l'indication de Liège. En 1666, une édition porte le nom de Bussy sur la page de titre et substitue aux pseudonymes le nom réel des personnages.

Les Mémoires de Bussy ont été édités en deux volumes par L. Lalanne, en 1856.

Sa *Correspondance* a été publiée en six volumes, par L. Lalanne également, en 1858-1859.

Sur Bussy-Rabutin, voir l'ouvrage de Gérard Gailly, *Bussy-Rabutin, sa vie, ses œuvres et ses amies*, 1909.

N. B. — Dans la présente édition, on a, conformément à une tradition généralement admise, remplacé les pseudonymes par les noms véritables des personnages.

HISTOIRE AMOUREUSE DES GAULES

LETTRE APOLOGÉTIQUE

DU

COMTE DE BUSSY AU DUC DE SAINT-AIGNAN

MONSIEUR,

Les témoignages que les gens de bien doivent à la vérité, à leurs amis et à leur réputation, m'obligent aujourd'hui, monsieur, de vous éclaircir de ma conduite et du sujet de ma disgrâce. Ne vous attendez pas à une justification : je suis trop sincère pour m'excuser quand j'ai tort; c'est tout ce que je pourrai gagner sur la douleur que j'ai de ma faute et le dépit contre moi-même, de ne me pas faire devant vous plus coupable que je suis.

Pour entrer donc en matière, je vous dirai, monsieur, qu'il y a cinq ans que, ne sachant à quoi me divertir à la campagne où j'étais, je justifiai bien le proverbe que l'oisiveté est mère de tout vice; car je me mis à écrire une histoire, ou plutôt un roman satirique, véritablement sans dessein d'en faire aucun mauvais usage contre les intéressés, mais seulement pour m'occuper alors, et tout au plus pour le montrer à quelques-uns de mes bons amis, leur donner du plaisir et m'attirer de leur part quelque louange de bien écrire.

Cependant, avec l'innocence de mes intentions, je ne laisse pas de couper la gorge à des gens qui ne m'avaient jamais fait de mal, ainsi que vous allez voir par la suite.

Comme les véritables événements ne sont jamais assez extraordinaires pour divertir beaucoup, j'eus recours à l'invention, que je crus qui plairait davantage, et, sans avoir le moindre scrupule de l'offense que je faisais aux intéressés, parce je ne faisais cela quasi que pour moi, j'écrivis mille choses que je n'avais jamais ouï dire. Je fis des gens heureux, qui n'étaient pas seulement écoutés, et d'autres même qui n'avaient jamais songé de l'être. Et parce qu'il eût été ridicule de choisir deux femmes sans naissance et sans mérite pour les principales héroïnes de mon roman, j'en pris deux auxquelles nulles bonnes qualités ne manquaient, et qui même en avaient tant, que l'envie pouvait aider à rendre croyable tout le mal que j'en pouvais inventer.

Etant de retour à Paris, je lus cette histoire à cinq de mes amies, l'une desquelles m'ayant pressé de la lui laisser pour deux fois vingt-quatre heures, je ne m'en pus jamais défendre; il est vrai que, quelques jours après, l'on me dit qu'on l'avait vue dans le monde. J'en fus au désespoir, et je suis assuré que celle à qui je l'avais prêtée et qui l'avait fait copier l'avait fait par une simple curiosité, sans intention de me nuire; mais elle avait eu pour quelque autre la même fragilité que j'avais eue pour elle. Je l'allai trouver aussitôt, et je lui en fis mes plaintes : au lieu de m'avouer ingénument son imprudence, et de concerter avec moi des moyens d'y remédier, elle me nia effrontément qu'elle eût jamais tiré copie de cette histoire, me soutenant qu'elle n'était pas publique, et que si elle l'était, il fallait que je l'eusse prêtée à d'autres qu'à elle. L'assurance avec laquelle elle me parla, et le désir que j'ai d'ordinaire que mes amis n'aient jamais tort avec moi, ôtèrent mes soupçons. Cependant je ne sais comment elle fit, mais enfin le bruit de cette histoire cessa pour quelque temps, après lequel une de ses amies, s'étant brouillée avec elle, me montra une copie de ce manuscrit qu'elle avait faite sur la sienne. Ce fut alors que le dépit d'avoir été si souvent trompé par une de mes amies, qui me faisait outrager deux femmes de qualité par sa trahison, me fit emporter contre elle. Et, comme on ne se fait jamais assez de justice pour souffrir sans vengeance le ressentiment des gens qu'on a offensés, elle ajouta ou retrancha dans cette histoire ce qu'il lui plaisait pour m'attirer la haine de la plupart de ceux dont je parlais; et cela est si vrai, que les premières copies qui furent vues n'étaient point falsifiées; mais, sitôt que les autres parurent, comme chacun court à la satire la plus forte, on trouva les véritables fades, et on les supprima comme fausses.

Je ne prétends pas m'excuser par là; car, quoique effectivement je n'aie dit que du bien des gens que cette honnête amie a maltraités, je suis pourtant cause du mal qu'elle en a dit. Non contente d'avoir empoisonné cette histoire en beaucoup d'endroits, elle en composa ensuite d'autres tout entières sur mille particularités qu'elle avait sues de moi dans le temps que nous étions amis, lesquelles particularités elle assaisonna de tout le venin dont elle se put aviser.

Cependant, lorsque je sus qu'une histoire courait sous mon nom, et que même mes ennemis l'avaient donnée au roi, quoique je n'eusse qu'à nier, j'aimai mieux faire voir l'original à Sa Majesté, et me charger de ma véritable faute, que de me laisser soupçonner d'une que je n'avais pas commise. Vous savez, monsieur, qu'au retour du voyage de Chartres, pendant lequel le roi avait lu cette histoire, je vous priai de donner à Sa Majesté mon original écrit de ma main et relié. Il prit la peine de le lire; mais quoiqu'il trouvât une grande différence entre lui et la copie, il ne laissa pas de juger que l'offense que je faisais à deux femmes de qualité, et celle que j'étais cause qu'on avait faite à d'autres, méritaient châtiment. Il me fit donc arrêter, et, donnant cet exemple au public, il satisfit en même temps au ressentiment des intéressés et à sa propre justice.

Mes ennemis, me voyant à la Bastille, crurent que, n'étant pas en état de me défendre, ils pouvaient impunément m'accuser : ils dirent donc au roi que j'avais écrit contre lui; mais Sa Majesté, qui ne condamne jamais personne sans l'entendre, les surprit fort en m'envoyant interroger par le lieutenant criminel. Je me disposai sans hésiter un moment à répondre devant lui, sans vouloir faire la moindre protestation, ne croyant pas en être moins gentilhomme, et croyant par là rendre plus de respect au roi. Après qu'il m'eut fait connaître l'original écrit de ma main de l'histoire dont je vous viens de parler, il me demanda si je n'avais rien écrit contre le roi. Je lui répondis qu'il me surprenait fort de faire une question comme celle-là à un homme comme moi. Il me dit qu'il avait ordre de me le demander; je répondis donc que non, et qu'il n'y avait pas trop d'apparence qu'ayant servi vingt-sept ans sans avoir eu aucune grâce, étant depuis douze ans maître de camp général de la cavalerie légère, attendant tous les jours quelque récompense de Sa Majesté, je voulusse lui manquer de respect. Que, pour détruire ce vraisemblable-là, il fallait ou de mon écriture ou des témoins irréprochables. Que si l'on me produisait l'un ou l'autre en la moindre chose qui choquât le respect que je devais au roi et à toute la famille royale, je me soumettais à perdre la vie; mais que je suppliais aussi Sa Majesté d'ordonner le même châtiment contre ceux qui m'accuseraient sans me pouvoir convaincre. Je signai cela, et, le lieutenant criminel me disant qu'il l'allait porter au roi, je le priai de dire à Sa Majesté que je lui demandais très humblement pardon d'avoir été assez malheureux pour lui déplaire.

Depuis ce temps-là, n'ayant vu ni le lieutenant criminel ni aucun autre juge, j'ai bien cru qu'une si noire et si cruelle calomnie n'avait fait aucune impression dans un esprit aussi clairvoyant et aussi difficile à surprendre que celui du roi.

Mais, monsieur, personne ne connaît si bien que vous la fausseté de cette accusation; car, outre que vous voyez comme tout le monde le peu d'apparence qu'il y a, c'est que vous avez été plusieurs fois témoin de la tendresse (si j'ose dire ainsi), du profond respect, de l'estime extraordinaire, et même de l'admiration que j'ai pour le roi. Je vous ai souvent dit que je le voyais tous les jours, que je l'étudiais, et que tous les jours il me surprenait par des qualités merveilleuses que je découvrais en lui. Vous pouvez vous souvenir, monsieur, qu'un jour, transporté de mon zèle, je vous dis que, puisque la paix ne me permettait plus de hasarder ma vie pour son service, je voulais le servir d'une autre manière; et que, comme un des capitaines d'Alexandre avait écrit l'histoire de son maître, il me semblait qu'il était juste qu'un des principaux officiers des armées du roi écrivît une aussi belle vie que la sienne. Je vous priai de le dire à Sa Majesté, monsieur, et quelque temps après vous me dîtes la réponse qu'elle vous avait faite, dans laquelle sa modestie me parut admirable. Après cela, monsieur, peut-on m'attaquer sur le manque de respect à mon maître ? et ne croyez-vous pas que, si mes ennemis avaient su tous les témoignages particuliers que je vous ai souvent donnés de mon zèle extraordinaire pour la personne de Sa Majesté, et que vous avez eu la bonté de lui faire connaître; ne croyez-vous pas, dis-je, qu'ils auraient cherché d'autres faibles en moi que celui-là ? Je n'en doute point, monsieur; mais Dieu a confondu leur malice; vous verrez qu'ils n'auront fait autre chose que de m'avoir donné un honnête prétexte, en vous écrivant ceci, de faire souvenir le roi de tous les sentiments où vous m'avez vu pour Sa Majesté.

Cependant, monsieur, j'attends avec une extrême résignation à ses volontés la grâce de ma liberté, et j'ai d'ailleurs un si grand déplaisir d'avoir offensé des personnes qui ne m'en avaient jamais donné de sujet, que, si ma prison ne leur paraissait pas une assez rude pénitence, je serai toujours prêt à faire tout ce qu'elles souhaiteront de moi pour leur entière satisfaction, leur étant infiniment obligé quand elles me pardonneront, et ne leur sachant pas mauvais gré quand elles ne le feront pas.

Je sais bien qu'il y a dans mon procédé plus d'imprudence que de malice; mais l'innocence de mes intentions ne console pas les gens que j'assassine, puisqu'ils sont aussi bien assassinés que si j'en avais eu le dessein.

Ce que l'on peut dire en deux mots de tout ceci, c'est que le public, en me condamnant, doit me plaindre : mais que les offensés peuvent me haïr avec raison.

Voilà, monsieur, ce que j'ai cru vous devoir apprendre de mes affaires, pour vous montrer, par le libre aveu que je fais de ma faute, et le grand repentir que j'en ai, combien je suis éloigné d'en commettre jamais de pareilles, ni de fâcher qui que ce soit mal à propos.

Mais vous allez encore mieux voir par le raisonnement que je vais faire combien je suis persuadé qu'il ne faut jamais rien écrire contre personne; car, si l'on n'écrit que pour soi, c'est comme si on le pensait; il faut s'en tenir là, et ceci est bien plus sûr. Si c'est pour le montrer à quelqu'un, il est infaillible qu'on le saura tôt ou tard; si la chose est mal écrite, elle fera des ennemis; cela est tout au moins inutile, s'il est secret; dangereux, s'il est public; mais ce que je devais dire devant toutes choses, c'est qu'en attirant la colère de Dieu et celle du roi cela expose aux querelles, aux prisons et autres disgrâces. Si je ne vous connaissais bien, monsieur, j'appréhenderais qu'en vous paraissant aussi coupable que je le suis, cela ne me fît perdre votre estime et votre amitié; mais je ne suis point en peine, parce que je sais que vous savez qu'il y a des gens plus longtemps jeunes que d'autres, et que j'ai été de ceux-là, les mauvais succès et les châtiments que j'ai eus vous doivent empêcher de douter que je ne sois fort changé.

Ce 12 novembre 1665.

AU LECTEUR

Il faut avouer que l'amour est quelque chose de bien subtil et ingénieux, et que, lorsqu'il a dessein sur quelqu'un, il trouve admirablement bien le moyen de s'en rendre le maître. En effet, nous ne voyons point qu'il fasse d'entreprise qu'il ne soit presque aussitôt assuré de sa victoire; et ceux mêmes qui résistent et mettent des obstacles à ses efforts sont ceux d'ordinaire qui les ressentent plus violemment. Il y a dans le monde deux sortes de gens qui me déplaisent particulièrement : les premiers sont les peintres, lesquels, n'ayant jamais pu inventer ni composer d'assez vives couleurs pour faire des yeux à l'Amour, se sont mis en tête de nous le représenter comme aveugle. Et de fait, ils croient avoir fait des merveilles, d'avoir donné lieu à ce commun, mais faux proverbe : *l'Amour est aveugle.* Il me semble plus juste de dire que le bandeau dont ils lui couvrent le front sert encore à couvrir leur ignorance, parce que tous leurs efforts n'auraient jamais pu faire des yeux à ce dieu, qui eussent seulement approché de la vivacité ni du brillant éclat dont les siens sont formés. Et si (comme les ignorants tâchent de nous le persuader) il ne voyait goutte, comment se serait-il assujetti tant d'esprits qui vivent sous ses lois ? Aurait-il pu, sans yeux, étendre son empire sur toute la terre ? Nous voyons ses conquêtes sans nombre et sans bornes. D'ailleurs je sais que, quand il veut s'insinuer, il se sert principalement des yeux d'un objet pour en enflammer un autre, ce qu'il ne ferait pas sans doute s'il ne savait bien que de tous les sens les yeux sont les plus susceptibles, parce que ce sont les premiers qui découvrent. Il faut donc de la science pour raisonner ainsi. Cette science ne se peut acquérir sans étude, et le moyen, par exemple, qu'un aveugle puisse devenir savant, lorsque les facultés les plus nécessaires, comme est surtout la vue, lui manquent ? On ne saurait nier néanmoins que l'Amour ne soit très savant, puisqu'il confond tous les raisonnements les plus solides, et que personne n'entre jamais en dispute avec lui qu'il ne soit assuré de sa victoire. C'est donc raison de le défendre sur l'injustice et le tort qu'on lui fait de lui ôter son plus bel ornement.

Les seconds qui me font de la peine sont certains esprits particuliers, lesquels font une nécessité de ce qui n'est qu'un simple accident : je veux dire les gens qui disent et qui veulent même que ce soit une chose infaillible, que l'on ne voie jamais la fortune et le mérite en un même sujet. Je sais bien qu'effectivement cela se voit assez rarement. Mais enfin cela est mal pensé de prétendre faire passer pour indispensablement nécessaire ce qui est seulement un effet du hasard. Il est vrai que l'un arrive beaucoup plus souvent que l'autre; car nous voyons des gens chez qui le seul nom de mérite n'a jamais eu le moindre accès, sur qui toutefois la fortune s'est, pour ainsi dire, jetée à corps perdu; et, au contraire, il s'en voit qui méritent tout, et qui n'ont rien d'elle; mais enfin il s'en trouve qui ont l'un et l'autre. Je reviens à mon dessein, et dis, pour convaincre visiblement ceux que j'ai entrepris, qu'il se voit des gens qui ont extraordinairement de mérite, et qui ne laissent pas d'avoir la fortune tout à fait favorable. Je vais vous en donner une preuve dans la suite des histoires que je veux vous raconter le plus succinctement qu'il me sera possible.

HISTOIRE D'ARDÉLISE

(MADAME D'OLONNE)

Sous le règne de Théodose (Louis XIV) la guerre, qui durait depuis vingt ans, n'empêchait point qu'on ne fît quelquefois l'amour. Mais, comme la cour était remplie de vieux cavaliers insensibles ou de jeunes gens nés dans le bruit des armes, et que ce métier les avait rendus brutaux, cela avait fait la plupart des dames un peu moins modestes qu'autrefois; et voyant qu'elles eussent langui dans l'oisiveté, si elles n'eussent fait les avances, ou du moins si elles avaient été cruelles, il y en avait beaucoup de pitoyables et quelques-unes d'effrontées.

Mme d'Olonne était de ces dernières. Elle avait le visage rond, le nez bien fait, la bouche petite, les yeux brillants et fins, et les traits délicats. Le rire, qui embellit tout le monde, faisait en elle un effet tout contraire. Elle avait les cheveux d'un châtain clair, le sein admirable, la gorge, les mains et les bras bien faits. Elle avait la taille grossière, et, sans son visage, on ne lui aurait pas pardonné son air; cela fit dire à ses flatteurs, quand elle commença de paraître, qu'elle avait assurément le corps bien fait, qui est ce que disent ordinairement ceux qui veulent excuser les femmes qui ont trop d'embonpoint; et cependant celle-ci fut trop sincère en cette rencontre pour laisser les gens dans l'erreur; s'éclaircit du contraire qui voulut, car il ne tint pas à elle qu'elle ne désabusât tout le monde.

Mme d'Olonne avait l'esprit vif et plaisant quand elle était libre. Elle était peu sincère, inégale, étourdie, point méchante. Elle aimait les plaisirs jusqu'à la débauche, et il y avait de l'emportement jusque dans ses moindres divertissements. Sa beauté autant que son bien, quoiqu'il ne fût que médiocre, obligea Lénix (M. d'Olonne) à la rechercher en mariage; cette recherche ne dura pas longtemps. M. d'Olonne, qui était homme de qualité et qui avait de grands biens, fut reçu agréablement de la mère, Mme de La Loupe, et n'eut pas le loisir de soupirer pour des charmes qui avaient fait deux ans durant les souhaits de toute la cour. Ce mariage étant achevé, les amants qui avaient voulu être mariés se retirèrent, et il en vint d'autres qui ne voulaient qu'aimer. Un des premiers qui se présenta fut Oroondate (le marquis de Beuvron), à qui le voisinage de Mme d'Olonne donnait plus de commodité de la voir, et cette raison fut cause qu'il l'aima assez longtemps sans que l'on s'en aperçût : et je crois que cet amour eût toujours été caché si le marquis de Beuvron n'eût jamais eu de rivaux : mais Candole (le duc de Candale), étant devenu amoureux de Mme d'Olonne, découvrit bientôt ce qui était caché, faute de gens intéressés. Ce n'était pas que M. d'Olonne n'aimât sa femme; mais les maris s'apprivoisent, et jamais les amants; et la jalousie de ceux-ci est mille fois plus pénétrante que celle des autres. Cela fit donc que le duc de Candale vit des choses que M. d'Olonne ne voyait pas, et qu'il n'a jamais vues; car il est encore à savoir que le marquis de Beuvron aimât sa femme. M. de Beuvron avait les yeux noirs et le nez bien fait, la bouche petite, le visage long, les cheveux fort noirs, longs et épais, la taille belle. Il avait assez d'esprit. Ce n'était pas de ces gens qui brillent dans les conversations; mais il était homme de sens et d'honneur, quoique naturellement il eût de l'aversion pour la guerre.

Etant donc devenu amoureux de Mme d'Olonne, il

chercha les moyens de lui découvrir son amour. Le voisinage de Paris lui en donnait assez d'occasions; mais la légèreté qu'elle témoignait en toutes choses lui faisait appréhender de s'embarquer avec elle. Enfin, s'étant un jour trouvé avec elle tête à tête : « Si je ne voulais, lui dit-il, madame, que vous faire savoir que je vous aime, mes soins et mes regards vous ont dit ce que je sens pour vous : mais, comme il faut, madame, que vous répondiez un jour à ma passion, il est nécessaire aussi que je la découvre, et que je vous assure en même temps que, soit que vous m'aimiez ou que vous ne m'aimiez pas, je suis résolu de vous aimer toute ma vie. »

M. de Beuvron ayant cessé de parler : « Je vous avoue, monsieur, répondit Mme d'Olonne, que ce n'est pas d'aujourd'hui que je connais que vous m'aimez, et quoique vous ne m'en ayez point parlé plus tôt, je n'ai pas laissé de vous tenir compte de tout ce que vous avez fait pour moi dès le premier jour que vous m'avez vue; et cela me doit servir d'excuse quand je vous avouerai que je vous aime. Ne m'en estimez pas moins, puisqu'il y a longtemps que je vous entends soupirer; et, quand même on pourrait trouver quelque chose à redire à mon peu de résistance, ce serait une marque de la force de votre mérite plutôt que de ma facilité. »

Après cela, l'on peut bien juger que la dame ne fut pas longtemps sans donner les dernières faveurs au cavalier, et cela dura quatre ou cinq mois, de part et d'autre, sans qu'il y eût aucun tracas. Mais enfin la beauté de Mme d'Olonne faisait trop de bruit, et cette conquête promettait trop de gloire à qui la ferait, pour laisser M. de Beuvron en repos; et M. de Candale, qui était l'homme de la cour le mieux fait, crut qu'il ne manquait rien à sa réputation que cela. Il se résolut donc, trois mois après la campagne finie, d'être amoureux d'elle sitôt qu'il la verrait; et il fit voir, par une grande passion qu'il eut ensuite pour elle, que l'amour n'est pas toujours un coup du ciel ou de la fortune.

M. de Candale avait les yeux bleus et bien faits, les traits irréguliers, la bouche grande et désagréable, mais de fort belles dents, les cheveux d'un blond doré en la plus grande quantité du monde. Sa taille était admirable. Il s'habillait bien, et les plus proches tâchaient de l'imiter. Il avait l'air d'un homme de qualité, et tenait l'un des premiers rangs en France, comme on dirait à présent duc et pair. Il était gouverneur des Gergoviens (d'Auvergne) en chef, et des Bourguignons conjointement avec son père, et général de l'infanterie gauloise. Le génie en était médiocre; mais, dans ses premières amours, il était tombé entre les mains d'une dame qui avait infiniment d'esprit, et, comme ils s'étaient tous deux fort aimés, elle avait pris tant de soin de le dresser, et lui de plaire à cette belle, que l'art avait passé la nature, et qu'il était beaucoup plus honnête homme que mille gens qui avaient plus d'esprit que lui. Etant donc de retour des confins de l'Espagne, où il avait commandé l'armée sous l'autorité du prince comme proche parent du roi, il commença à témoigner à Mme d'Olonne, par mille empressements, l'amour qu'il avait pour elle, dans la pensée qu'il eut qu'elle n'avait jamais rien aimé; et, voyant qu'elle ne répondait pas à sa passion, il résolut de la lui apprendre d'une telle manière, qu'elle ne pût faire semblant de l'ignorer. Mais, comme il avait pour toutes les femmes un respect qui tenait un peu de la honte, il aima mieux écrire à Mme d'Olonne que de lui parler : voici ce qu'il lui écrivit.

LETTRE

Je suis au désespoir, madame, que toutes les déclarations d'amour se ressemblent, et qu'il y ait tant de différence entre les sentiments. Je sens bien que je vous aime plus que tout le monde n'a coutume d'aimer, et je ne saurais vous le dire que comme tout le monde le dit. Ne prenez donc point garde aux paroles, qui sont faibles et qui peuvent être trompeuses, mais faites réflexion sur la conduite que je veux avoir avec vous; et, si elle vous témoigne que pour la continuer toujours de même force il faut être vivement touché, rendez-vous à ces témoignages, et croyez que, puisque je vous aime si fort n'étant point aimé de vous, je vous adorerai quand vous m'aurez obligé d'avoir de la reconnaissance.

Mme d'Olonne, ayant reçu cette lettre, y fit aussitôt cette réponse :

LETTRE

S'il y a quelque chose qui vous empêche d'être cru quand vous parlez de vos amours, ce n'est pas qu'ils m'importunent, c'est que vous en parlez trop bien. D'ordinaire, les grandes passions s'expliquent plus confusément, et il semble que vous écrivez comme un homme qui a bien de l'esprit, et qui n'est point amoureux, mais qui veut le faire croire : et, puisqu'il ne me le semble pas, à moi qui meurs d'envie que vous disiez vrai, jugez ce qu'il semblerait à d'autres à qui votre passion serait indifférente. Ils n'hésiteraient pas à croire que vous voulez rire. Pour moi, qui ne veux jamais faire de jugements téméraires, j'accepte la partie que vous m'offrez, et je veux bien juger par votre conduite des sentiments que vous avez pour moi.

Cette lettre, que les connaisseurs eussent trouvée fort douce, ne le parut pas trop à M. de Candale. Comme il avait beaucoup de vanité, il avait attendu des douceurs moins enveloppées. Cela l'empêcha de tant presser Mme d'Olonne, qu'elle l'eût bien désiré. Il négligeait sa bonne fortune en dépit d'elle-même, et la chose eût duré plus longtemps si cette belle n'eût gagné sur sa modestie de lui faire tant d'avances, qu'il jugea qu'il pouvait tout entreprendre auprès d'elle sans trop s'exposer. Son affaire étant conclue, il s'aperçut bientôt du commerce de M. de Beuvron. Un prétendant d'ordinaire ne regarde que devant lui; mais un amant bien traité regarde à droite et à gauche, et n'est pas longtemps sans découvrir son rival. Sur cela M. de Candale se plaint; sa maîtresse le traite de bizarre et de tyran, et le prend sur un ton si haut, qu'il lui demande pardon et se croit trop heureux de l'avoir adoucie. Ce calme ne dura pas longtemps. M. de Beuvron, de son côté, fait des reproches aussi inutiles que ceux de M. de Candale; et, voyant qu'il ne peut détruire son rival, il fait sous main donner avis à M. d'Olonne, qui défend à Mme d'Olonne de le voir, c'est-à-dire redouble l'amour de ces amants, qui, ayant plus d'envie de se voir depuis les défenses, controuvèrent mille moyens plus commodes que ceux qu'ils avaient auparavant. Cependant M. de Beuvron étant demeuré maître du champ de bataille, M. de Candale recommence ses plaintes contre lui. Il fait de nouveaux efforts pour le chasser, mais inutilement. Mme d'Olonne lui dit qu'il ne considère que ses intérêts, et qu'il ne se soucie pas de la perdre, puisque, si elle défendait à M. de Beuvron de la voir, M. d'Olonne et tout le monde ne douteraient pas du sacrifice. Mme d'Olonne, qui n'aimait pas tant M. de Beuvron que M. de Candale, ne le veut pourtant pas perdre, tant parce que un et un font deux, que parce que les coquettes croient mieux retenir leurs amants par une petite jalousie que par une grande tranquillité.

Dans ces entrefaites, Crispin (M. Paget), homme assez âgé, de basse naissance, devint amoureux de Mme d'Olonne, et, ayant découvert qu'elle aimait le jeu, il crut que son argent lui tiendrait lieu de mérite, et fonda ses plus belles espérances sur la somme qu'il résolut de lui offrir. Il avait assez d'accès chez elle pour lui parler lui-même s'il eût osé; mais il n'avait pas la hardiesse de faire un discours qui traînait après lui de fâcheuses suites s'il n'eût pas été bien reçu : il fit donc dessein de lui écrire, et lui écrivit cette lettre.

LETTRE

J'ai bien aimé des fois en ma vie, madame, mais je n'ai

jamais rien tant aimé que vous. Ce qui me le fait croire, c'est que je n'ai jamais donné à chacune de mes maîtresses plus de cent pistoles pour avoir leurs bonnes grâces; et, pour les vôtres, j'irai jusqu'à deux mille. Faites réflexion, je vous prie, là-dessus, et songez que l'argent est plus rare qu'il n'a jamais été.

Quinette, femme de chambre de Mme d'Olonne et sa confidente, lui rendit cette lettre de Paget. Incontinent cette belle lui fit la réponse qui suit :

LETTRE

Je m'étais bien aperçue que vous aviez de l'esprit par les conversations que j'ai eues avec vous; mais je ne savais pas encore que vous écrivissiez si bien que vous faites. Je n'ai rien vu de si joli que votre lettre, et je serai ravie d'en recevoir souvent de semblables. Cependant je serais bien aise de m'entretenir avec vous ce soir à six heures.

ARDÉLISE.

Paget ne manqua pas de se trouver au rendez-vous, et s'y trouva en habit décent, c'est-à-dire avec son sac et ses quilles. Quinette, l'ayant introduit dans le cabinet de sa maîtresse, les laissa seuls : « Voilà, lui dit-il, madame, lui montrant ce qu'il portait, ce qui ne se trouve pas tous les jours : voulez-vous le recevoir ? — Je le veux bien, dit Mme d'Olonne, et cela nous amusera. » Ayant donc compté les deux mille pistoles dont ils étaient convenus, elle les enferma dans une cassette, et, se mettant sur un petit lit de repos auprès de lui : « Personne, lui dit-elle, monsieur, n'écrit en Gaule comme vous; ce que je vais dire n'est pas pour faire le bel esprit, mais il est certain que je connais peu de gens qui en aient. La plupart ne vous disent que des sottises, et, quand ils veulent écrire des lettres tendres, ils pensent avoir bien rencontré de vous dire qu'ils vous adorent, et qu'ils vont mourir pour vous si vous ne les aimez; que, si vous leur faites cette grâce, ils vous serviront toute leur vie : comme si on avait bien affaire de leurs services. — Je suis ravi, dit Paget, que mes lettres vous plaisent, madame. Je n'en ferai pas de façon, mes lettres ne me coûtent rien. — Voilà, interrompit-elle, ce qui est difficile à croire; il faut donc que vous ayez un fort grand fonds. » Après quelques autres discours, que l'amour interrompit deux ou trois fois, ils convinrent d'une autre entrevue, et à celle-là encore d'une autre, de sorte que deux mille pistoles valurent à Paget trois rendez-vous. Mais Mme d'Olonne, voulant se prévaloir de l'amour de ce bourgeois et de son bien, le pria, à la quatrième visite, de recommencer à lui écrire de ces billets galants comme celui qu'elle avait reçu de lui.

Paget, voyant que cela tirait à conséquence, lui fit des reproches qui ne lui servirent de rien; et tout ce qu'il put en obtenir fut qu'il ne serait pas chassé de chez elle, et qu'il pourrait y venir jouer lorsqu'elle le demanderait. Mme d'Olonne croyait qu'en se laissant voir elle entretiendrait ses désirs, et que peut-être serait-il assez fou pour les vouloir satisfaire à quelque prix que ce fût. Cependant il était assez amoureux pour ne se pouvoir empêcher de la voir, mais il ne l'était pas assez pour acheter tous les jours si chèrement ses faveurs.

Les choses étant en ces termes, soit que le dépit eût fait parler Paget, soit que ses visites fréquentes ou l'argent que jouait Mme d'Olonne eussent pu faire faire des réflexions à M. de Candale, il pria sa maîtresse, lorsqu'il partit pour les confins de l'Espagne, de ne plus voir Paget, de qui le commerce nuisait à sa réputation. Elle le lui promit et n'en fit rien, de sorte que M. de Candale, apprenant, par ceux qui mandaient des nouvelles de Paris, que Paget allait plus souvent chez Mme d'Olonne qu'il n'avait jamais fait, lui écrivit cette lettre.

LETTRE

En vous disant adieu, madame, je vous priai de ne plus voir le coquin de Paget. Vous me le promîtes; cependant il ne bouge de chez vous. N'avez-vous point de honte de me mettre en état d'appréhender auprès de vous un misérable bourgeois qui ne peut jamais être craint que par l'audace que vous lui donnez? Si vous n'en rougissez, madame, j'en rougis pour vous et pour moi; et, de peur de mériter cette honte dont vous me voulez accabler, je vais faire un effort sur mon amour pour ne vous plus regarder que comme une infâme.

Mme d'Olonne fut fort surprise de recevoir une lettre si rude; mais, comme sa conscience lui faisait encore des reproches plus aigres que son amant, elle ne chercha point de raisons pour se défendre, et se contenta de répondre en ces termes :

LETTRE

Ma conduite passée est si ridicule, mon cher, que je désespérais de pouvoir jamais être aimée de vous si je ne pouvais sauver l'avenir par les assurances que je vous donne d'un procédé plus honnête. Mais je vous jure par vous-même, qui est ce que j'ai de plus cher au monde, que Paget n'entrera jamais chez moi; et que M. de Beuvron que mon mari me force de voir, me verra si rarement, que vous saurez bien que vous seul me tenez lieu de tout.

M. de Candale fut tout à fait rassuré par cette lettre. Il fit ensuite des résolutions de ne point condamner sa maîtresse sur des apparences qu'il jugea peut-être trompeuses. Il se jeta en l'autre extrémité de la confiance, et prit en bonne part tout ce qu'elle fit pendant six mois de coquetterie et d'infidélité : car elle continua de voir Paget, et de donner des faveurs à M. de Beuvron; et, quoi que l'on en écrivît de plus de cent endroits à M. de Candale, il crut que cela venait de son père et de ses amis, qui le voulaient détourner de l'amour qu'il avait pour elle, croyant que cette passion l'empêcherait de songer au mariage. Il revint donc de l'armée plus amoureux qu'il n'avait jamais été. Mme d'Olonne aussi, auprès de qui une assez longue absence faisait passer M. de Candale pour un nouvel amant, redoubla ses empressements pour lui à la vue même de toute la cour. Cet amant prenait toutes les imprudences qu'elle faisait pour le voir pour des marques d'une passion dont elle n'était plus la maîtresse, quoique ce ne fussent que des témoignages du dérèglement naturel de sa raison. Quand elle avait quelque emportement pour lui qui éclatait, il la croyait vivement touchée, et cependant elle n'était que folle. Il était tellement persuadé de la passion qu'elle avait pour lui, que, quand il mourait d'amour pour elle, il appréhendait encore d'être ingrat. On peut bien juger que la conduite de ces amants fit grand bruit. Ils avaient tous deux des ennemis, et la fortune de l'un et la beauté de l'autre leur avaient fait beaucoup d'envieux. Quand tout le monde les aurait voulu servir, ils auraient tout détruit par leur imprudence et tout le monde leur voulait nuire. Ils se donnaient des rendez-vous partout, sans avoir pris aucune mesure avec personne. Ils se voyaient quelquefois dans une maison que M. de Candale tenait sous le nom d'une dame de campagne, que Mme d'Olonne faisait semblant d'aller voir; et le plus souvent la nuit chez elle-même. Tous ces rendez-vous n'usaient pas tout le temps de cette perfide. Lorsque M. de Candale sortait d'auprès d'elle, elle allait à la conquête de quelque nouvel amant, ou du moins rassurait M. de Beuvron par mille douceurs, de crainte que M. de Candale ne lui échappât.

L'hiver se passa ainsi sans que M. de Candale soupçonnât quoi que ce soit des méchants tours qu'elle lui faisait. Il la quitta pour retourner à l'armée, aussi satisfait d'elle qu'il l'avait jamais été. Il n'y fut pas deux mois, qu'il apprit des nouvelles qui troublèrent sa joie. Ses amis particuliers, qui prenaient garde à la conduite de sa maîtresse, ne lui en avaient osé rien dire, tant ils le trouvaient préoccupé de cette infidèle. Mais, s'étant passé depuis son absence quelque chose d'extraordinaire, et voulant détruire les impressions qu'elle lui avait données, ils hasardèrent, tous d'accord ensemble, sans qu'ils fissent paraître ce concert, de lui apprendre sa conduite. Ils lui mandèrent donc, chacun séparément, que Castillante (Janin de Castille) avait un fort grand attachement pour Mme d'Olonne; que ses assiduités faisaient croire, non seulement un dessein, mais encore un heureux succès; et qu'enfin, quand elle ne serait pas coupable, il devrait n'être pas content d'elle, de voir qu'elle fût soupçonnée de tout le monde. Mais, pendant que ces nouvelles vont porter la rage dans l'âme de M. de Candale, il est à propos de parler de la naissance, du progrès et de la fin de la passion de Janin de Castille. Janin de Castille avait la taille belle, le visage agréable, bien de la propreté, fort peu d'esprit; même naissance et même profession que Paget, et beaucoup de bien comme lui. Il était assez bien fait pour faire croire que, s'il eût porté l'épée, il eût eu des bonnes fortunes pour son mérite seulement; mais sa profession et ses richesses faisaient soupçonner que toutes les femmes qu'il avait aimées étaient intéressées; si bien que, quand on le vit amoureux de Mme d'Olonne, on ne douta point qu'il ne fût aimé pour son argent.

Louis XIV, après avoir passé les étés sur les frontières, revenait d'ordinaire à Paris les hivers, où tous les divertissements du monde occupaient son esprit tour à tour; le billard, la paume, la chasse, la comédie et la danse avaient chacun leur temps avec lui : c'était alors des loteries dont il était question, et elles étaient tellement à la mode, que chacun en faisait, les uns d'argent, les autres de bijoux et de meubles. Mme d'Olonne en voulut faire une de cette dernière sorte : mais, au lieu que dans la plupart on y employait tout l'argent qu'on y avait eu, et que le sort après faisait le partage, dans celle-ci, qui était de dix mille écus, il n'y en eut pas cinq d'employés, et ces cinq-là furent partagés au choix de Mme d'Olonne. Lorsqu'elle fit les premières propositions de la loterie, Janin de Castille s'y trouva, et, comme elle demanda à chacun une somme selon ses forces, et qu'elle lui eut dit qu'il fallait qu'il donnât mille francs, il lui répondit qu'il le voulait bien, et qu'il lui promettait de plus de lui faire parmi ses amis jusqu'à neuf mille livres. Quelque temps après, tout le monde étant sorti, à la réserve de Janin de Castille : « Je ne sais pas, madame, lui dit-il, si ma passion ne vous est pas connue, car il y a longtemps que je vous aime, et je suis déjà en de grandes avances de soins; mais, après m'être entièrement donné à vous, il faut que je vous demande la confirmation de mon bail; octroyez-la-moi, je vous supplie, et remarquez qu'avec les mille francs à quoi vous m'avez taxé je vous en donne encore neuf pour être bien auprès de vous; car ce que je vous ai dit de mes amis n'a été que pour tromper ceux qui étaient ici. — Je vous avoue, monsieur, répondit-elle, que je ne vous ai point cru amoureux jusqu'ici aujourd'hui. Ce n'est pas que je n'aie remarqué certaines mines en vous qui me faisaient soupçonner quelque chose; mais je suis tellement rebutée de ces façons, et les soupirs et les langueurs sont à mon gré une si pauvre marchandise et de si faibles marques d'amour, que, si vous n'eussiez pris avec moi une conduite plus honnête, vous eussiez perdu vos peines toute votre vie. Pour ce qui est maintenant de reconnaissance, vous devez croire que l'on n'est pas loin d'aimer quand on est bien assurée d'être aimée. »

Il n'en fallut pas davantage à Janin de Castille pour lui faire croire qu'il était à l'heure du berger. Il se jeta aux pieds de Mme d'Olonne, et, comme il se voulait servir de cette action d'humilité pour un prétexte à de plus hautes entreprises : « Non, non, lui dit-elle, cela ne va pas comme vous pensez. En quel pays avez-vous ouï dire que les femmes fassent les avances ? quand vous m'aurez donné de véritables marques d'une grande passion, je n'en serai pas ingrate. » Janin de Castille, qui vit bien que chez elle l'argent se livrait avant la marchandise, lui dit qu'il avait deux cents pistoles, et qu'il les lui donnerait si elle voulait, et, les ayant reçues : « Si vous vouliez, lui dit-il, m'accorder quelques faveurs sur et tant moins de ces deniers, je vous serais fort obligé ; ou, si vous voulez toute la somme, faites-moi votre billet de ce que je viens de vous donner comme pour valeur reçue. » Elle aima mieux donner un baiser que d'écrire, et un moment après Janin de Castille sortit, en assurant qu'il lui apporterait le reste le lendemain. Il n'y manqua ; aussi l'argent ne fut pas plutôt compté, qu'on lui tint parole, avec tout l'honneur qu'on peut avoir en un tel traité. Quoique Janin de Castille fût entré par la même porte que Paget, elle en usa mieux avec lui, soit qu'elle espérât en tirer de grands avantages, soit qu'il eût quelque grand mérite caché qui lui tînt lieu de libéralité ; elle ne lui demanda pas de nouvelles preuves d'amour pour lui donner de nouvelles faveurs, ses dix mille livres le firent aimer trois mois durant, c'est-à-dire traiter comme s'il eût été aimé. Cependant M. de Candale, ayant reçu des lettres par lesquelles on lui mandait les nouvelles affaires de sa maîtresse, lui écrivit celle-ci :

LETTRE

Quand vous pourriez vous justifier à moi de toutes les choses dont on vous accuse, je n'oserais plus vous aimer. Quand vous seriez malheureuse, vous y avez trop contribué pour ne me pas désavouer en vous aimant. Tous les amants d'ordinaire sont bien aises d'entendre nommer leurs maîtresses; mais, pour moi, je tremble quand je lis ou j'entends votre nom. Il me semble toujours que je vais apprendre une histoire de vous pire que la première : cependant je n'ai que faire, pour vous mépriser, d'en savoir davantage. Vous ne pouvez rien ajouter à votre infamie. Attendez-vous aussi à tous les ressentiments que mérite une femme sans honneur, d'un honnête homme qui l'a fort aimée. Je n'entre en aucun détail avec vous, parce que je ne recherche point votre justification, et que non seulement vous êtes convaincue à mon égard, mais que je ne puis jamais revenir pour vous.

M. de Candale écrivit cette lettre dans le temps qu'il allait partir pour retourner à la cour. Il venait de perdre un combat, et cela n'avait pas peu contribué à l'aigreur de sa lettre. Il ne pouvait souffrir d'être battu partout, et ce lui eût été quelque consolation dans le malheur de la guerre s'il eût été plus heureux en amour. Il commença son voyage avec un chagrin épouvantable. En d'autres temps, il serait venu en poste; mais comme s'il eût eu quelque pressentiment de sa mauvaise fortune, il venait fort lentement. Il commença dans le chemin de sentir quelque incommodité; à Vienne, il se trouva fort mal; mais, comme il n'était qu'à une journée de Lyon, il y voulut aller, sachant bien qu'il y serait mieux traité. Cependant, les fatigues de la campagne l'ayant fort abattu, les déplaisirs l'achevèrent, et sa jeunesse avec les assistances des médecins ne purent lui sauver la vie; mais, comme les plus grands maux ne lui purent faire perdre le souvenir de l'infidélité de Mme d'Olonne, il lui écrivit cette lettre la veille de sa mort :

LETTRE

Si je pouvais en mourant conserver de l'estime pour vous, il me fâcherait fort de mourir; mais, ne pouvant plus vous estimer, je ne saurais plus avoir de regret à la vie. Je ne l'aimais que pour la passer doucement avec vous. Puisqu'un peu de mérite que j'avais et la plus grande passion du monde ne m'en ont pu faire venir à bout, je n'y ai plus d'attachement, et je vois bien que la mort me va délivrer de beaucoup de peines. Si vous étiez capable de quelque tendresse, vous ne me pourriez pas voir en l'état où je suis sans étouffer de douleur. Mais, Dieu merci, la nature y a mis bon ordre; et, puisque vous pouviez tous les jours mettre au désespoir l'homme du monde qui vous aimait le plus, vous me pourriez bien voir mourir sans en être touchée.

La première lettre que M. de Candale avait écrite à Mme d'Olonne sur le sujet de Janin de Castille lui avait fait tant de peur de son retour, qu'elle l'appréhendait comme la mort, et je pense qu'elle souhaitait de ne le revoir jamais. Cependant le bruit de l'extrémité où il était la mit au désespoir, et la nouvelle de sa mort, que lui donna la comtesse de Fésique (de Fiesque) son amie, faillit à la faire mourir elle-même. Elle fut quelque temps sans connaissance, et elle ne revint qu'au nom de Mérille, qu'on lui dit qui lui voulait parler. Mérille était le principal confident de M. de Candale, qui apportait à Mme d'Olonne, de la part de son maître, la lettre qu'il lui avait écrite en mourant, et la cassette où il enfermait les lettres et toutes les autres faveurs qu'il avait eues d'elle. Après avoir bien lu cette dernière lettre, elle se mit à pleurer plus fort qu'auparavant. Mme de Fiesque, qui ne la quittait point dans un état si déplorable, lui proposa, pour amuser sa douleur, d'ouvrir cette cassette, où elles trouvèrent d'abord un mouchoir marqué de sang en quelques endroits. « Ah! mon Dieu, est-il possible, s'écria Mme d'Olonne, que je voie cela sans mourir! Quoi! ce pauvre garçon, qui avait tant d'autres choses de plus grande conséquence, avait gardé jusqu'à ce mouchoir! Y a-t-il rien au monde de plus touchant! » Et là-dessus elle raconta à Mme de Fiesque que, s'étant coupée en travaillant un jour auprès de lui, il lui avait demandé ce mouchoir dont elle avait essuyé sa main, et l'avait toujours gardé depuis. Après cela, elles trouvèrent des bracelets, des bourses, des cheveux et des portraits de Mme d'Olonne, et, comme elles furent tombées sur les lettres, Mme de Fiesque pria son amie qu'elle en pût lire quelques-unes; à quoi ayant consenti, elle ouvrit celle-ci la première :

LETTRE

On dit ici que vous avez été battu : c'est peut-être un faux bruit de vos envieux, mais c'est peut-être une vérité. Ah! mon Dieu, dans cette incertitude je vous demande la vie de mon amant, et je vous abandonne l'armée. Oui, mon Dieu! et non seulement l'armée, mais l'Etat et tout le monde ensemble. Depuis qu'on m'a dit cette nouvelle, sans me rien particulariser de vous, je fais vingt visites par jour. J'ouvre des propos de guerre pour voir si je n'en apprendrai rien qui me puisse consoler. On me dit partout que vous avez été battu, mais l'on ne me parle point de vous en particulier. Je n'oserais demander ce que vous êtes devenu, non que je craigne de faire voir par là que je vous aime, je suis en de trop grandes alarmes pour avoir rien à ménager, mais je crains d'apprendre plus que je ne voudrais savoir. Voilà l'état où je suis et serai jusqu'au premier ordinaire (au prochain courrier), si j'ai la force de l'attendre. Ce qui redouble mes inquiétudes, c'est que vous m'avez si souvent promis de m'envoyer des courriers exprès à toutes les affaires extraordinaires, que je prends en mauvaise part de n'en avoir pas à celle-ci.

Pendant que Mme de Fiesque lisait cette lettre avec peine, car elle en était touchée, Mme d'Olonne fondait en larmes. Elles furent toutes deux longtemps sans parler après l'avoir lue : « Je n'en lirai plus d'aujourd'hui, dit Mme de Fiesque; car, puisque cela me donne de la peine, il vous en doit donner bien davantage. — Non, non, reprit Mme d'Olonne, continuez, je vous prie; cela me fait pleurer, mais cela me fait souvenir de lui. » Mme de Fiesque ayant donc ouvert une autre lettre, elle y trouva ceci :

LETTRE

Hé quoi! ne me laisserez-vous jamais en repos ? Serai-je toujours dans des craintes de vous perdre, ou par votre mort, ou par votre changement ? Tant que la campagne durera, je serai dans de cruelles alarmes; les ennemis ne tirent pas un coup que je ne m'imagine que c'est à vous. J'apprends ensuite que vous perdez un combat sans savoir ce que vous êtes devenu; et quand, après mille mortelles craintes, je sais enfin que ma bonne fortune vous a sauvé, car vous avez bien su que vous n'avez nulle obligation à la vôtre, on dit que vous êtes en Avignon entre les bras d'Armide, où vous vous consolez de vos malheurs. Si cela est, je suis bien malheureuse que vous n'ayez pas perdu la vie avec la bataille. Oui, mon cher, j'aimerais mieux vous voir mort qu'inconstant; car j'aurais le plaisir de croire que, si vous aviez vécu davantage, vous m'auriez toujours aimée; au lieu que je n'ai plus que la rage dans le cœur de me voir abandonnée pour une autre, qui ne vous aime pas tant que moi.

« Qu'apprends-je ? dit Mme de Fiesque à Mérille; M. de Candale aimait Armide ? — Non, madame, reprit-il; il fut deux jours à Avignon, à son retour de l'armée, pour se rafraîchir, et là il vit deux fois Armide; jugez si cela se peut appeler amour. Mais, madame, ajouta-t-il, s'adressant à Mme d'Olonne, qui vous a si bien instruite de tout ce qu'il faisait ? — Hélas! répondit-elle, je ne sais rien là-dessus que par le bruit public; mais il est si commun sur cette passion, et même qu'elle est en partie cause de sa mort, que personne ici ne l'ignore. » Et, se mettant à pleurer plus fort qu'auparavant, Mme de Fiesque, qui ne cherchait qu'à faire diversion de sa douleur, lui demanda si elle ne connaissait pas l'écriture d'un dessus de lettre qu'elle lui montra. « Oui, répondit Mme d'Olonne, c'est une lettre de mon maître d'hôtel : ceci doit être curieux, il faut voir ce qu'il écrit. » Et là-dessus elle ouvrit la lettre.

LETTRE

Quoi que madame vous mande, la maison ne désemplit point de Normands. Ces diables seraient bien mieux dans leur pays qu'ici. J'en enrage, monseigneur, et de mille autres choses que je vois, dont je ne vous mande pas les particularités, parce que j'espère que vous serez bientôt ici, où vous mettrez ordre à tout vous-même.

Par ces Normands, le maître d'hôtel entendait parler de M. de Beuvron et de son frère Tancrède (M. de Thury), du chevalier Edmond (de Saint-Evremond), de Turpin (l'abbé de Villarceaux), qui étaient fort assidus chez Mme d'Olonne. La naïveté avec laquelle ce pauvre homme mandait ces nouvelles à M. de Candale toucha si fort cette folle, qu'après avoir regardé quelle mine faisait Mme de Fiesque, qui n'avait pas tant de sujet de s'affliger qu'elle, elle se mit à rire à gorge déployée. Mme de Fiesque, la voyant rire ainsi, se prit à rire aussi. Il n'y eut que le pauvre Mérille qui, ne pouvant souffrir une joie hors de saison, redoubla ses larmes et sortit brusquement de ce cabinet. Deux ou trois jours après Mme d'Olonne étant consolée, Mme de Fiesque et ses autres amis lui conseillèrent de pleurer pour son honneur, lui disant que son affaire avec M. de Candale avait été trop publique pour en faire une finesse. Elle se contraignit donc encore trois ou quatre jours, après quoi elle revint à son naturel; et ce qui hâta ce retour fut le carnaval, qui, en lui donnant lieu de satisfaire son inclination, lui aida encore à contenter son mari, qui avait eu de grands soupçons de son intelligence avec M. de Candale et se croyait fort heureux d'en être délivré. Pour lui faire donc croire qu'elle n'avait plus rien dans le cœur, elle se masqua quatre ou cinq fois avec lui, et, voulant entièrement regagner sa confiance par une grande sincérité, elle lui avoua non seulement son amour pour M. de Candale, non seulement qu'elle lui avait accordé les dernières faveurs, mais encore les particularités de ses jouissances; et elle lui en spécifiait le nombre. « Il ne vous aimait guère, lui dit-il, madame (voulant insulter à la faiblesse du pauvre défunt), puisqu'il faisait si peu de chose pour une si belle femme que vous. » Il n'y avait encore que huit jours qu'elle avait quitté le lit, qu'elle gardait depuis quatre mois pour une grande incommodité qu'elle avait à la jambe, lorsqu'elle résolut de se masquer, et cette envie avança plus sa guérison que tous les remèdes qu'elle avait faits depuis si longtemps. Elle se masqua donc quatre ou cinq fois avec son mari; mais, comme ce n'étaient que de petites mascarades obscures, elle voulut en faire une grande et fameuse dont il fût parlé; et, pour cet effet, elle se déguisa en capucin, elle quatrième, et fit déguiser deux autres de ses amis en sœurs collettes. Les capucins étaient : elle, son mari, M. de Thury et l'abbé de Villarceaux. Les sœurs collettes étaient : Grassard, Anglois et Resilly (Sillery). Cette troupe courut, toute la nuit du mardi gras, toutes les assemblées. Le roi et la reine mère, ayant appris cette mascarade, s'emportèrent fort contre Mme d'Olonne et dirent publiquement qu'ils vengeraient le mépris qu'on avait fait de la religion en cette rencontre.

On adoucit quelque temps après Leurs Majestés, et toutes ces menaces aboutirent à n'avoir plus d'estime pour Mme d'Olonne.

Pendant que toutes ces choses se passaient, Janin de Castille jouissait paisiblement de sa maîtresse, lorsqu'elle fit tirer la loterie. J'ai déjà dit que, des dix mille écus qu'elle avait reçus, elle n'en avait employé tout au plus que la moitié, et la plus grande part de cette loterie fut attribuée aux capucins, aux sœurs collettes et au reste de la cabale. Le prince de Samilcar (de Marsillac), qui allait jouer le premier rôle sur ce théâtre, eut le premier gros lot, qui était un grand brasier d'argent. Janin de Castille, avec toutes les faveurs qu'il recevait, n'eut qu'un bijou de fort peu de valeur. Le grand bruit qui courait de l'infidélité de cette loterie lui donna du chagrin de n'être pas mieux traité que les plus indifférents : il s'en plaignit à Mme d'Olonne. Elle, qui ne voulait pas lui faire confidence de sa friponnerie, reçut ses plaintes le plus aigrement du monde; de sorte qu'avant de se quitter ils vinrent de part et d'autre aux reproches, l'un de son argent, l'autre de ses faveurs. Pour conclusion, Mme d'Olonne lui défendit son logis, et Janin de Castille lui dit qu'il ne lui avait jamais obéi de si bon cœur qu'il faisait en cette rencontre, et que ce commandement lui allait sauver de la peine et de la dépense. Cependant le commerce de M. de Beuvron durait toujours : soit qu'il ne fût guère amoureux, soit qu'il se tînt trop heureux d'avoir de ses faveurs à quelque prix que ce fût, il la tourmentait peu sur sa conduite; elle aussi le traitait de son pis-aller, et l'aimait toujours mieux que rien. Peu de temps après la rupture de Janin de Castille, le prince de Marsillac, qui avait des amis plus éveillés que lui, fut conseillé de s'attacher à Mme d'Olonne, et on lui dit qu'il était en âge de faire parler de lui; que les femmes donnaient de l'estime aussi bien que les armes; que Mme d'Olonne étant une des plus belles femmes de la cour, outre de grands plaisirs, pourrait encore bien faire de l'honneur à qui en serait aimé; et qu'en tout cela la place de M. de Candale était quelque chose de très considérable. Avec toutes ces raisons, ils poussèrent Marsillac à rendre des assiduités à Mme d'Olonne; mais, parce que naturellement il se défiait fort de lui-même, sa cabale, qui s'en défiait aussi, jugea qu'il ne le fallait point laieser sur sa bonne foi auprès d'elle, et il fut arrêté qu'on lui donnerait Sillery pour le conduire et assister dans les rencontres. Marsillac lui avait rendu de grandes assiduités pendant deux mois sans lui avoir parlé d'amour qu'en termes généraux. Il avait pourtant dit à Sillery, il y avait plus de six semaines, qu'il lui avait fait sa déclaration, et lui avait inventé même une réponse un peu rude, afin qu'il ne trouvât pas mauvais qu'il fût si longtemps à recevoir des faveurs, quand ce gouverneur, pour servir son pupille, parla aussi à Mme d'Olonne, et lui dit : « Je sais bien, madame, qu'il n'y a rien de si libre que l'amour, et que, si le cœur n'est touché par inclination, on ne persuade guère par les paroles; mais je ne laisserai pas de vous dire que, quand on est jeune et qu'on est à marier comme vous, je ne comprends pas pourquoi on refuse un jeune gentilhomme amoureux, et qui a de quoi ou je suis fort trompé, autant que personne de la cour; c'est du pauvre prince de Marsillac que je parle, madame. Puisqu'il vous aime si éperdument, pourquoi êtes-vous ingrate ? ou, si vous sentez que vous ne le pouvez aimer, pourquoi l'amusez-vous ? Aimez-le, ou vous en défaites. — Je ne sais pas, interrompit Mme d'Olonne, depuis quand les hommes prétendent que nous les aimions sans qu'ils nous l'aient demandé; car j'ai ouï dire qu'autrefois c'était eux qui faisaient les avances. Je savais bien qu'ils traitaient dans les derniers temps la galanterie d'une étrange manière, mais je ne savais pas qu'elle eût été réduite au point de vouloir que les femmes fissent les premiers pas. — Quoi! madame, reprit Sillery, le prince de Marsillac ne vous a pas dit qu'il vous aimait ? — Non, monsieur, lui dit-elle, c'est vous qui me l'avez appris; ce n'est pas que les soins qu'il m'a rendus ne m'aient fait soupçonner qu'il avait quelque dessein, mais, jusqu'à ce qu'on nous ait parlé, nous n'entendons pas le reste. — Ah! madame, répliqua Sillery, vous n'avez pas tant de tort que je pensais : la jeunesse du prince le rend timide, c'est ce qui l'a fait faillir; mais cette jeunesse aussi fait excuser bien des choses avec les femmes.

On n'a guère de tort à l'âge qu'il a, et, pour les gens de vingt-deux ans, il y a bien du retour à la miséricorde. — J'en demeure d'accord, dit-elle; un jeune homme de vingt-deux ans donne de la pitié, et jamais de colère; mais aussi je veux qu'il ait du respect. — Appelez-vous respect, madame, reprit Sillery, de n'oser dire que l'on est amoureux ? C'est sottise toute pure, je dis même à l'égard d'une femme qui ne voudrait pas aimer; et, en ce cas-là, l'on ne perdrait pas son temps, et l'on saurait bien à quoi s'en tenir. Mais ce respect ne vous est bon, madame, qu'avec ceux pour qui vous n'avez nulle inclination; car, si celui que vous voudriez aimer en avait un peu trop, vous seriez bien embarrassée. » Comme il acheva de parler, il entra des gens, et quelque temps après, étant sorti, il alla trouver Marsillac, à qui, ayant fait mille reproches de sa timidité, il lui fit promettre qu'avant la fin du jour il ferait une déclaration qu'il fallait qu'il lui dît, dont Marsillac ne se souvint pas un moment après; et l'ayant encouragé le mieux qu'il put, il le vit partir pour cette grande expédition.

Cependant Marsillac était dans d'étranges inquiétudes; tantôt il trouvait que son carrosse allait trop vite, tantôt il souhaitait ne pas trouver Mme d'Olonne à son logis ou de trouver quelqu'un avec elle. Enfin il craignait la même chose qu'un honnête homme eût désiré de tout son cœur. Cependant il fut assez malheureux de trouver sa maîtresse, et de la trouver toute seule. Il l'aborda avec un visage si embarrassé, que, si elle n'eût déjà su son amour par Sillery, elle l'eût découvert à le voir cette seule fois-là. Cet embarras lui servit à la persuader plus que tout ce qu'il put dire; voilà pourquoi, en amour, les sots sont plus heureux que les habiles. La première chose que fit Marsillac après s'être assis fut de se couvrir, tant il était hors de lui-même. Un instant après, s'étant aperçu de sa sottise, il ôta son chapeau et ses gants, et puis en remit un, et tout cela sans dire mot. « Qu'y a-t-il ? dit Mme d'Olonne, vous me paraissez avoir quelque chose dans l'esprit. — Ne le devinez-vous pas, madame ? lui dit Marsillac. — Non, dit-elle, je n'y comprends rien. Comment entendrais-je ce que l'on ne me dit pas, moi qui ai bien de la peine à concevoir ce que l'on me dit ? — C'est... je m'en vais vous le dire, répliqua Marsillac en se radoucissant niaisement, c'est que je vous aime. — Voilà bien des façons, dit-elle, pour peu de chose. Je ne vois pas qu'il y ait tant de difficulté à dire qu'on aime; il m'en paraît bien plus à bien aimer. — Ah! madame, répliqua-t-il en l'interrompant, j'ai bien plus de peine à le dire qu'à le faire. Je n'en ai point du tout à vous aimer, et j'en aurais tellement à ne vous aimer pas, que je n'en pourrais jamais venir à bout, quand vous me l'ordonneriez mille fois. — Moi, monsieur, reprit Mme d'Olonne en rougissant, je n'ai rien à vous commander. » Tout autre que Marsillac eût entendu la manière fine dont Mme d'Olonne se servait pour lui permettre de l'aimer; mais il avait l'esprit trop bouché, c'était de la délicatesse perdue que d'en avoir avec lui. « Quoi! madame, lui dit-il, vous ne m'estimez pas assez pour m'honorer de vos commandements ? — Eh bien, dit-elle, serez-vous bien aise que je vous ordonne de ne plus m'aimer ? — Non, madame, interrompit-il brusquement. — Que voulez-vous donc ? reprit Mme d'Olonne. — Vous aimer toute ma vie, reprit Marsillac, et me faire aimer de vous. — Eh bien, aimez tant qu'il vous plaira, dit-elle, et espérez. » C'en était assez à un amant plus pressant que Marsillac pour en venir aux dernières faveurs : cependant quoi que Mme d'Olonne pût faire, il la fit durer encore deux mois, et enfin, quand elle se rendit, elle en fit toutes les avances. L'établissement de ce nouveau commerce ne lui fit pas rompre celui qu'elle avait avec M. de Beuvron. Le dernier amant était toujours le mieux aimé, mais il ne l'était pas assez pour chasser M. de Beuvron, qui était un second mari pour elle.

Un peu de temps avant la rupture de Janin de Castille avec Mme d'Olonne, le chevalier d'Aigremont (de Gramont) en était devenu amoureux; et, comme c'est une personne fort extraordinaire, il est donc à propos d'en faire la description. Le chevalier avait les yeux riants, le nez bien fait, la bouche belle, une petite fossette au menton qui faisait un agréable effet sur son visage, je ne sais quoi de fin dans la physionomie, la taille assez belle, s'il ne se fût point voûté; l'esprit galant et délicat; cependant ses mines et son accent faisaient bien souvent valoir ce qu'il disait, qui devenait rien dans la bouche d'un autre. Une marque de cela est qu'il écrivait le plus mal du monde, et il écrivait comme il parlait. Quoiqu'il soit superflu de dire qu'un rival soit incommode, le chevalier l'était au point qu'il eût mieux valu, pour une pauvre femme, en avoir quatre sur les bras que lui seul. Il était libéral jusqu'à la profusion; par là sa maîtresse ni ses rivaux ne pouvaient avoir de valets fidèles; d'ailleurs, le meilleur garçon du monde. Il y avait douze ans qu'il aimait la comtesse de Fiesque, femme aussi extraordinaire que lui, c'est-à-dire aussi singulière en mérite que lui en méchantes qualités. Mais, comme de ces douze ans il y en avait cinq qu'elle était exilée auprès de la princesse Léonor, fille de Gornan de Gaule (la duchesse de Montpensier), princesse que la fortune persécutait à cause qu'elle avait de la vertu et qu'elle ne pouvait réduire son grand courage aux bassesses que la cour demande, pendant leur absence, le chevalier n'était pas adonné à une constance fort régulière, et, quoique Mme de Fiesque fût aimable, il méritait quelque excuse de sa légèreté, puisqu'il n'en avait jamais reçu de faveur. Il y avait pourtant des gens à qui il avait donné de la jalousie. Le comte de Vorel (Rouville) en était un. Comme un jour celui-là reprochait à Mme de Fiesque qu'elle aimait le chevalier, cette belle lui répondit qu'il était fou de croire qu'elle pût aimer le plus grand fripon du monde. « Voilà une plaisante raison, lui dit-il, madame, que vous m'alléguez pour votre justification! Je sais que vous êtes encore plus friponne que lui, et je ne laisse pas de vous aimer. »

Quoique le chevalier aimât partout, il avait pourtant un si grand faible pour Mme de Fiesque, que, quelque engagement qu'il eût ailleurs, sitôt que quelqu'un la voyait un peu plus assidûment qu'à l'ordinaire, il quittait tout pour venir à elle. Il avait raison aussi; car Mme de Fiesque était une femme admirable. Elle avait les yeux bruns et brillants, le nez bien fait, la bouche agréable et de belle couleur, le teint blanc et uni, la forme du visage longue; il n'y avait eu qu'elle au monde qui s'était embellie d'un menton pointu. Elle avait les cheveux cendrés; toujours fort propre et fort galamment vêtue; mais sa parure venait plus de son air que de la magnificence de ses habits. Son esprit était vif et naturel : son humeur ne se peut décrire; car, avec la modestie de son sexe, elle était de l'humeur de tout le monde. A force de penser à ce que l'on doit faire, chacun pense d'ordinaire mieux à la fin qu'au commencement : il arrivait tout le contraire à Mme de Fiesque, ses réflexions gâtaient ses mouvements.

Je ne sais pas si la confiance qu'elle avait en son mérite lui ôtait le soin de chercher des amants, mais elle ne se donnait aucune peine pour en avoir. Véritablement, quand il lui en arrivait quelqu'un de lui-même, elle n'avait ni rigueur pour s'en défaire ni douceur pour le retenir. Il s'en retournait s'il voulait; s'il voulait, il demeurait; et, quoi qu'il fît, il ne subsistait point à ses dépens. Il y avait donc, comme j'ai dit, cinq années que le chevalier ne la voyait plus, et, durant cette absence, pour ne point perdre de temps, il avait fait mille maîtresses, entre autres la duchesse de Victoire (la duchesse de Mercœur), et trois jours après Larisse (Mme de Villars). Ce fut Properce (Benserade) qui fit ce sonnet au chevalier :

Quoi! vous vous consolez, après ce coup de foudre,
Tombé sur un objet qui vous parut si beau!
Un véritable amant, bien loin de se résoudre,
Se serait enfermé dans le même tombeau.

Quoi! ce cœur si touché brûle d'un feu nouveau!
Quelle infidélité! qui peut vous en absoudre?
Venir tout franchement de pleurer comme un veau,
Puis faire le galant et mettre de la poudre!

O l'indigne faiblesse, et qu'il vous en cuira!
Vous manquez à l'amour, l'amour vous manquera;
Et déjà vous donnez où tout le monde échoue.

Je connais la beauté pour qui vous soupirez;
Je l'aime; et, puisqu'il faut enfin que je l'avoue,
C'est qu'en vous consolant vous me désespérez.

Quelque temps après cette affaire ébauchée, Mme de Fiesque étant revenue à Paris, le chevalier, qui n'était retenu auprès de Mme de Villars par aucune faveur, la quitta pour retourner à Mme de Fiesque. Mais, comme il n'était pas longtemps en même état, et qu'il s'ennuyait avec celle-ci, il s'attacha à Mme d'Olonne dans le même temps que le prince de Marsillac s'embarqua avec elle. Et, quoiqu'il fût moins heureux que lui avec les dames, il n'était pas plus pressant : au contraire, pourvu qu'il pût badiner, faire dire au monde qu'il était amoureux, trouver quelques gens de légère croyance pour flatter sa vanité, donner de la peine à un rival, être mieux venu que lui, il ne se mettait guère en peine de la conclusion. Une chose qui faisait qu'il lui était plus difficile de persuader qu'à un autre était qu'il ne parlait jamais sérieusement; de sorte qu'il fallait qu'une femme se flattât beaucoup pour croire qu'il fût amoureux d'elle.

J'ai déjà dit que jamais amant qui n'était pas aimé n'a été plus incommode que lui. Il avait toujours deux ou trois laquais sans livrée, qu'il appelait ses grisons, par qui il faisait suivre ses rivaux et ses maîtresses. Un jour Mme d'Olonne, étant en peine comme elle irait à un rendez-vous qu'elle avait avec le prince de Marsillac, sans que le chevalier de Gramont le découvrît, se résolut, pour le dépayser, de sortir en cape, avec une femme de chambre, et d'aller passer la Seine en bateau, après avoir donné ordre à ses gens de l'aller trouver au faubourg Saint-Germain. Le premier homme qu'elle trouva pour lui donner la main pour monter en bateau fut un des grisons du chevalier de Gramont, devant qui s'étant réjouie avec sa femme de chambre d'avoir trompé le chevalier, et ayant parlé de ce qu'elle allait faire ce jour-là, ce grison alla aussitôt avertir son maître, lequel, dès le lendemain, surprit étrangement Mme d'Olonne quand il lui dit le détail de son rendez-vous de la veille. Un honnête homme qui convainc sa maîtresse d'en aimer un autre que lui se retire promptement et sans bruit, particulièrement si elle ne lui a rien promis : mais le chevalier n'en était pas de même; quand il ne pouvait se faire aimer, il eût mieux aimé se faire tuer que de laisser en repos son rival et sa maîtresse. Mme d'Olonne avait donc compté pour rien toutes les assiduités que le chevalier lui avait rendues trois mois durant, et tourné en raillerie tout ce qu'il lui avait dit de sa passion, et d'autant plus qu'elle était persuadée qu'il en avait une plus grande pour Mme de Fiesque que pour elle; mais elle le haïssait encore comme le diable, lorsque cet amant crut qu'une lettre aurait plus d'effet que tout ce qu'il avait fait et dit jusque-là. Dans cette pensée il lui écrivit celle-ci :

LETTRE

Est-il possible, ma déesse, que vous n'ayez point la

connaissance de l'amour que vos beaux yeux, mes soleils, ont allumé dans mon cœur ? Quoiqu'il soit inutile d'avoir recours à vous avec des déclarations communes aux beautés incomparables, et que les oraisons mentales vous doivent suffire, je vous ai dit mille fois que je vous aimais; cependant vous riez et ne me répondez rien. Est-ce bon ou mauvais signe, ma reine ? Je vous conjure de vous expliquer là-dessus, afin que le plus passionné des humains continue de vous adorer, ou qu'il cesse de vous déplaire.

Mme d'Olonne, ayant reçu cette lettre, l'alla porter aussitôt à Mme de Fiesque, avec qui elle crut qu'elle avait été concertée; mais elle ne lui témoigna rien de ce qu'elle en croyait d'abord. Comme elles vivaient bien ensemble, elle lui fit valoir, en raillant, le refus qu'elle faisait de son amant, et l'avis qu'elle lui donnait de l'infidélité qu'il lui voulait faire. Quoique Mme de Fiesque n'aimât point le chevalier, cela ne laissa pas de la fâcher : la plupart des femmes ne veulent pas plus perdre les amants qu'elles ne veulent point aimer que ceux qu'elles favorisent, et leur chagrin ne vient pas tant de la perte qu'elles font que de la préférence de leurs rivales; voilà comme fut Mme de Fiesque en cette rencontre.

Cependant elle remercia Mme d'Olonne de l'intention qu'elle avait de l'obliger, mais elle l'assura qu'elle ne prenait aucune part au chevalier, et qu'au contraire on l'obligerait de l'en défaire. Mme d'Olonne ne se contenta pas d'avoir montré cette lettre à la comtesse, elle s'en fit encore honneur à l'égard du prince de Marsillac; et, soit que Mme de Fiesque en parla encore à d'autres, soit qu'elle le dit elle-même, deux jours après tout le monde sut que le pauvre chevalier avait été sacrifié, et il lui revint bientôt à lui-même les plaisanteries que l'on faisait de sa lettre. Le mépris offense tous les amants; mais, quand on y mêle la raillerie, on les pousse dans le désespoir.

Le chevalier, se voyant éconduit et moqué, ne garda

plus de mesures. Il n'y a rien qu'il ne dît contre Mme d'Olonne, et l'on vit bien, en cette rencontre, que cette folle avait trouvé le secret de perdre sa réputation en conservant son honneur.

De tous ses rivaux, le chevalier n'en haïssait pas un tant que le prince de Marsillac, tant parce qu'il le croyait le mieux traité que parce qu'il semblait qu'il le méritât le moins. Il appelait les amants de Mme d'Olonne les Philistins, et disait que Marsillac, à cause qu'il avait peu d'esprit, les avait tous défaits avec une mâchoire d'âne.

Dans ce même temps, Trimalet (le comte de Guiche), jeune et beau comme un ange, et plein d'amour-propre, crut que la conquête de Mme d'Olonne lui serait aisée et honorable; de sorte qu'il résolut de s'y embarquer par les motifs de la gloire. Il en parla à Giton (le comte de Manicamp), son bon ami, qui approuva son dessein et s'offrit de l'y servir. De Guiche et Manicamp ont trop de part à cette histoire pour ne parler d'eux qu'en passant. Il les faut faire connaître à fond, et pour cet effet il faut commencer par la description du premier. De Guiche avait de grands yeux noirs, le nez bien fait, la bouche un peu grande, la forme du visage ronde et plate, le teint admirable, le front grand et la taille belle. Il avait de l'esprit. Il était moqueur, léger, présomptueux, brave, étourdi et sans amitié. Il était maître de camp du régiment de la garde gauloise, conjointement avec le maréchal son père.

Manicamp avait les yeux bleus et doux, le nez aquilin, la bouche grande, les lèvres fort rouges et relevées, le teint un peu jaune, le visage plat, les cheveux blonds et la tête belle, la taille bien faite, s'il ne se fût un peu trop négligé. Pour de l'esprit, il en avait assez, et de la manière du comte de Guiche, excepté qu'il n'avait pas tant d'acquis que lui; mais il avait le génie pour le moins aussi beau. La fortune de celui-ci n'était pas, à beaucoup près, si bien établie que celle de l'autre, et lui faisait avoir un peu plus d'égards; mais ils avaient à peu près les mêmes inclinations à la dureté et à la raillerie : aussi s'aimaient-ils fortement comme s'ils eussent été de différent sexe.

Dans le même temps que Mme d'Olonne montrait à tout le monde la lettre du chevalier de Gramont, celui-ci découvrit l'amour de son neveu pour Mme de Fiesque : cela ne servit pas peu pour le faire emporter contre Mme d'Olonne; croyant sa réconciliation plus aisée avec Mme de Fiesque, moins il garderait de mesure avec l'autre. Mais, pendant qu'il essaye de se raccommoder, voyons ce que fit le comte de Guiche pour se rendre agréable.

Il faut savoir premièrement que le comte de Guiche avait une grande passion pour Polaquette (Mme de Beauvais), fille de peu de naissance, mais de beaucoup d'esprit. Il faut savoir encore qu'il avait été tellement tracassé par ses parents dans cet amour, qui craignaient qu'elle ne lui fît faire la même sottise que sa sœur avait fait faire à Armand (marquis de Richelieu), que cette considération aussi bien que les rigueurs de la belle l'avaient fort rebuté, et l'avaient engagé dans le dessein d'aimer Mme de Fiesque : mais il n'avait point pour celle-ci toute l'inclination qu'elle méritait, et c'était moins une nouvelle passion qu'un remède à la précédente. Il ne faisait pas beaucoup de chemin : tout ce qu'il pouvait faire était d'émouvoir Mme de Fiesque et de mettre au désespoir le chevalier; et pour cela, il s'en tenait aux regards et aux assiduités, sans se soucier d'aller plus vite. Mme de Fiesque, qui, à ce qu'on croit, n'avait jamais eu le cœur touché que du mérite du seigneur d'Hière (Guitaut), favori du prince des Bithuringiens (le prince de Condé), qu'elle ne pouvait plus voir il y avait quatre ou cinq ans, et avec qui elle entretenait un commerce par lettres, sentit sa confiance ébranlée par ces pas que fit le comte de Guiche pour elle; et, quoi que Zérige (le comte de Jarzay), ami du seigneur Guitaut, lui pût dire pour l'obliger à chasser de Guiche, elle n'y donna pas d'abord les mains; et faisant semblant de traiter ses amours de ridicules, elle étudia longtemps sa manière d'agir : mais enfin, voyant que de Guiche ne s'aidait pas, elle se résolut de se faire honneur de la nécessité où elle se voyait de le perdre, et, afin que cela ne parût pas un sacrifice au chevalier, qui s'était vanté de faire chasser son neveu, elle les chassa tous deux, déférant pour lors au conseil de Jarzay, à ce qu'elle lui dit. Et là-dessus se fit une plaisanterie, que Mme de Fiesque allait sceller les congés de ses meilleurs amants. Mais le chevalier la fit tant presser par ses meilleurs amis, qu'il obtint enfin permission de la revoir au bout de quinze jours. Ce fut sur cela qu'il fit ce couplet de sarabande :

Lorsque l'excès d'une tendresse extrême,
Qu'elle a toujours pour son ami Flamand,
Sut obliger la personne que j'aime
Au dur scellé qui cause mon tourment,
Las! je pensais, comme il pensait lui-même,
Ne revenir, Philis, qu'au jour du jugement;
Mais ce n'était qu'un pur bannissement.

Cinq ou six mois s'étant passés, pendant lesquels le chevalier, trop heureux de n'avoir plus son neveu sur les bras, avait goûté auprès de Philis le plaisir d'aimer seul, quelques amis du comte de Guiche lui remontrèrent qu'étant le plus beau garçon de la cour il lui était honteux de trouver une dame cruelle, et que le mauvais succès qu'il avait eu auprès de Mme de Fiesque lui avait fait tort dans le monde. Ces raisons le firent résoudre de se rembarquer. Il revint blessé de la campagne; sa blessure était à la main droite; mais, comme il y avait déjà quelque temps, sa blessure, quoique grande, ne l'empêchait pas de se promener.

Lorsqu'il rencontra Mme de Fiesque au Jardin du Roi, il était avec Foucqueville (l'abbé Foucquet), ami particulier de cette dame, qui, croyant leur faire plaisir, les engagea dans une conversation tête à tête, et les laissa là seuls assez longtemps. De Guiche ne parla point d'amour, mais il fit des mines et jeta des regards qui ne parlaient que trop à Mme de Fiesque, qui entendait encore plus qu'il ne voulait dire. Cette conversation finit par une faiblesse qui prit à de Guiche, d'où le secours de Mme de Fiesque et de l'abbé Foucquet le tirèrent. Leurs opinions furent partagées sur la cause de cette faiblesse. L'abbé Foucquet l'attribua à la blessure du comte de Guiche, et Mme de Fiesque à sa passion. Il n'y a rien qu'une femme croie plus facilement que d'être aimée, parce que l'amour-propre lui fait croire qu'on la doit aimer, et parce que l'on ne se persuade pas moins aisément ce que l'on désire. Ces raisons-là firent que Mme de Fiesque ne douta point du tout de l'amour du comte de Guiche. Dans ce temps-là, Mme d'Olonne, qui ne voulait pas qu'un jeune homme bien fait lui échappât, pria Genouville de lui amener de Guiche; ce qu'il fit : mais, l'heure du chevalier n'étant pas encore venue, il en sortit aussi libre qu'il y était entré, et continua dans son dessein pour Mme de Fiesque. Ses assiduités ayant renouvelé la jalousie du chevalier de Gramont, celui-ci voulut s'éclaircir de l'état auquel était son neveu auprès de Mme de Fiesque, sa maîtresse, et pour le mieux contrefaire, il écrivit de la main gauche à cette belle le billet que voici :

BILLET

L'on est bien embarrassé quand on n'a qu'une pauvre main gauche. Je vous supplie, madame, que je vous puisse parler aujourd'hui, à quelque heure du jour; mais que mon cher oncle n'en sache rien; car je courrais fortune de la vie, et peut-être vous-même n'en seriez pas quitte à meilleur marché.

Mme de Fiesque, ayant lu ce billet, donna ordre à son portier de faire savoir à celui qui en viendrait quérir réponse qu'il dît à son maître qu'il lui envoyât Manicamp à trois heures après midi. Lorsque le chevalier eut reçu cette réponse, il crut avoir de quoi convaincre Mme de Fiesque de la dernière intelligence avec de Guiche, et, sur cette réponse, il s'en alla chez elle. La rage qu'il avait dans le cœur avait tellement changé son visage, que, pour peu que Mme de Fiesque y eût pris garde, elle eût tout découvert à son abord. « Y a-t-il longtemps, madame, lui dit-il, que vous n'avez vu de Guiche ? — Il y a cinq ou six jours, répondit-elle. — Mais il n'y a pas si longtemps, répondit le chevalier de Gramont, que vous en avez reçu des lettres. — Moi, des lettres du comte de Guiche! Pourquoi m'écrirait-il ? Est-il en état d'écrire à quelqu'un ? — Prenez garde à ce que vous dites, répondit le chevalier; car cela tire à conséquence. — La vérité est, dit Mme de Fiesque, que Manicamp vient de m'envoyer demander si de Guiche me pourrait voir aujourd'hui, et je lui ai mandé qu'il vînt sans son ami. — Il est vrai, répondit brusquement le chevalier, que vous venez de mander à Manicamp qu'il vînt sans de Guiche, mais c'est sur une lettre de celui-ci que vous lui avez mandé cela; et je ne le sais, madame, que parce que c'est moi qui l'ai écrite, et à qui on a rendu la réponse. N'est-ce pas assez de ne pas reconnaître l'amour que j'ai pour vous depuis douze ans, sans me préférer un petit garçon qui ne paraît vous aimer que depuis quinze jours, et qui ne vous aime point du tout ? » En suite de ce discours, il fit des actions d'un homme enragé, un quart d'heure durant. Mme de Fiesque, qui se vit convaincue, voulut tourner l'affaire en raillerie. « Mais, dit-elle, puisque vous ne doutez point de cette intelligence de votre neveu et de moi, que ne me demandez-vous des choses de plus grande conséquence qu'une heure à me voir ? — Ah!

madame, s'écria-t-il, j'en sais assez pour vous croire la plus ingrate de toutes les femmes, et moi le plus malheureux de tous les hommes! » Comme il achevait ces paroles, Manicamp entra, et lui sortit pour cacher le désordre où il était. « Qu'y a-t-il, madame ? lui dit Manicamp. Je vous trouve tout embarrassée. » Mme de Fiesque lui conta la tromperie du chevalier et leur conversation; et, après quelques discours sur ce sujet, il sortit et lui rapporta dans la même heure ce billet de la part du comte de Guiche.

BILLET

De peur que les faussaires ne me puissent nuire, et que vous ne vous mépreniez au caractère et au style, je vous ai voulu faire connaître l'un et l'autre. Le dernier est plus difficile à imiter, étant dicté par quelque chose qui est au-dessus de leurs sentiments.

Mme de Fiesque, ayant lu ce billet : « Mon Dieu! lui dit-elle, que votre ami est fou! J'ai bien peur qu'il ne se fasse, et à moi aussi, des affaires dont nous n'avons pas besoin ni l'un ni l'autre. — Pourvu, madame, lui répond Manicamp, que vous vous entendiez bien vous deux, vous ne sauriez avoir de méchantes affaires. — Mais, répondit la comtesse, ne saurait-il prendre avec moi un autre parti que celui d'amant ? — Non, madame, répliqua-t-il, il lui est impossible; et ce qui vous le doit persuader, c'est qu'il revient à la charge après avoir été battu. Cette recherche marque en lui une furieuse nécessité de vous aimer. » Comme il allait continuer cette conversation, il entra du monde qui l'interrompit; et Manicamp, étant sorti, alla un moment après conter à son ami ce qui venait de se passer entre lui et la comtesse. De Guiche, ne croyant pas que le billet qu'il avait écrit à la comtesse de Fiesque suffît pour lui parler de son amour, lui en écrivit un autre qui parlait plus clairement. Il en chargea Manicamp, qui, le lendemain le portant à cette belle, le perdit par les chemins; de sorte qu'il retourna sur ses pas dire à de Guiche l'accident qui lui était arrivé. Celui-ci écrivit cette lettre à Mme de Fiesque :

LETTRE

Si vous étiez persuadée de mes sentiments, vous comprendriez aisément qu'on est mal satisfait d'un homme qui est aussi négligent que Manicamp. Vous allez voir la plus grande querelle du monde, si vous n'y mettez la main. Jugez de ce que je sens pour vous, puisque je romps avec le meilleur de mes amis, sans retour de mon côté. Mais, comme il lui reste encore votre assistance et que vous n'êtes pas si en colère que moi, j'ai peur qu'il ne me force à lui pardonner par votre entremise.

Manicamp alla chercher partout Mme de Fiesque, qui n'était pas chez elle, et, l'ayant trouvée chez Nobelle (Mme de Bonnelle), qui jouait : « Je porte, dit-il, le bonheur aux gens que j'approche, madame. » Et s'étant mis auprès d'elle, il lui fourra adroitement dans la pochette la lettre de son ami et sortit quelque temps après. La comtesse de Fiesque, s'étant retirée chez elle, le jeu fini, trouva, en tirant son mouchoir, la lettre du comte de Guiche, cachetée et sans dessus; si elle avait songé à ce que ce pouvait être, elle ne l'aurait pas ouverte; mais, de peur d'être obligée de ne la pas ouvrir, elle n'y voulut pas songer et l'ouvrit brusquement sans faire la moindre réflexion. Toute la vivacité de Mme de Fiesque ne lui put faire imaginer ce que voulait dire de Guiche sur le sujet du mécontentement qu'il témoignait contre Manicamp; de sorte qu'elle commanda à un de ses gens de lui aller dire qu'il la vînt trouver le lendemain, résolue de le gronder de la lettre qu'il lui avait donnée du comte de Guiche et de lui défendre de s'en charger à l'avenir. Comme il entra le lendemain dans sa chambre, la curiosité lui fit oublier sa colère. « Eh bien, dit-elle, apprenez-moi votre brouillerie avec votre ami. — C'est, madame, lui dit-il, qu'avant-hier je vous apportais une lettre, et je la perdis en chemin. Il est enragé contre moi. Je ne sais que lui dire, car j'ai tort. » Mme de Fiesque, craignant que cette lettre perdue ne fût trouvée par quelqu'un qui fît une histoire d'elle pour réjouir le public : « Allez, lui dit-elle, la chercher partout, et ne revenez point que vous ne la rapportiez. » Manicamp sortit aussitôt, et revint le soir lui dire qu'il n'avait rien trouvé, que de Guiche ne le voulait plus voir, et qu'il venait la supplier de les mettre bien ensemble. « Je le ferai, dit-elle, quoique vous ne le méritiez pas; j'irai demain chez la Sibylle (Mme Cornuel), où, s'il se rencontre, je tâcherai de faire votre paix. — Ah! madame, lui dit Manicamp, vous avez tant de bonté, que je ne doute point que vous ne soyez fâchée d'avoir seulement eu la pensée de me faire languir jusqu'à demain. Je vous supplie de mettre fin à mes peines, et de me donner un billet que je rendrai à de Guiche de votre part, étant certain qu'il a tant d'amour pour vous, que... — Moi écrire à de Guiche! interrompit Mme de Fiesque, vous êtes fort plaisant de me parler de cela. — Quoique nous soyons brouillés, madame, reprit Manicamp, je ne saurais m'empêcher de vous dire qu'il mérite bien cette grâce : mais ne le regardez pas en cette rencontre; donnez ce billet à l'amitié que vous avez pour moi : je vous promets que, quand il aura fait son effet, je vous le remettrai entre les mains. » Mme de Fiesque, lui ayant fait donner sa parole que le lendemain il lui rapporterait son billet, écrivit ainsi à de Guiche :

BILLET

Je ne vous écris que pour vous demander la grâce du pauvre Manicamp : s'il faut pourtant vous en dire davantage, pour vous obliger à me l'accorder, croyez ce qu'il vous dira de ma part; il est assez de mes amis pour faire que je ne lui refuse rien de tout ce qui peut lui être utile.

De Guiche, ayant reçu ce billet, le trouva trop doux pour le rendre : il crut qu'il en serait quitte pour désavouer Manicamp, et cependant il le chargea de cette réponse :

RÉPONSE

Je souhaiterais infiniment que vous eussiez autant de penchant à m'accorder ce que je désirerais de vous qu'il m'a été facile d'accorder la grâce à ce criminel; je vous assure qu'avec une telle recommandation il était impossible de lui rien refuser. Si j'étais assez heureux pour vous en donner des preuves par quelque chose de plus difficile, vous connaîtriez que vous m'avez fait injustice, lorsque vous avez douté de la vérité de mes sentiments : ils sont, je vous proteste, aussi tendres qu'une personne aussi aimable que vous les peut inspirer, et seront toujours aussi discrets que vous les souhaitez, quoi qu'en disent nos gouverneurs. Je vous conjure de déférer toujours beaucoup aux avis du criminel, car, quoiqu'il soit homme assez mal soigneux, il mérite qu'on le loue de son zèle pour notre service.

Cet avis était de se défier fort du chevalier de Gramont, qui faisait tout ce qu'il pouvait pour traverser son neveu et pour le faire paraître à Mme de Fiesque indiscret et infidèle. Après cela, Manicamp lui dit que de Guiche était tellement transporté de joie pour le billet qu'elle lui avait écrit, qu'il lui avait été impossible de le retirer; mais qu'elle ne se mît pas en peine, qu'il était aussi sûrement entre les mains de son ami que dans le feu; qu'au reste il n'avait pas vu d'homme plus amoureux que de Guiche, et qu'assurément il l'aimerait toute sa vie. « Mais, interrompit Mme de Fiesque, qu'est-ce que veulent dire tant de visites de votre ami chez Mme d'Olonne ? L'a va-t-il prier de le servir auprès de moi ? — Il n'y va point, madame, répondit Manicamp; c'est-à-dire qu'il y a été une fois ou deux : mais je vois déjà l'esprit du chevalier dans ce que vous me dites, et je suis assuré que de Guiche reconnaîtra son oncle à ce trait de fripon. Mais, madame, écoutez mon ami avant que de le condamner. — J'en suis d'accord », dit-elle. Manicamp avait fort bien jugé que le chevalier, pour supplanter son neveu, avait dit à Mme de Fiesque qu'il était amoureux de Mme d'Olonne, qu'elle ne servait que de prétexte, et mille autres choses de cette nature qui lui parurent si vraisemblables, qu'encore qu'elle se défiât du chevalier sur le chapitre du comte de Guiche, elle ne se put empêcher d'y ajouter foi en cette rencontre. Le lendemain, une de ses amies l'étant venue presser d'aller à la campagne, elle se laissa persuader. La certitude qu'elle avait de la tromperie du comte de Guiche fit qu'elle ne voulut point d'éclaircissement avec lui; et, pour ne pas tout perdre, elle voulut prévenir Guitaut par une fausse confidence, de peur qu'il sût par d'autres voies la vérité de toutes choses. Elle lui envoya donc la copie de la dernière lettre du comte de Guiche, et partit après cela avec son amie. Le chevalier, qui était alerte sur toutes les actions de Mme de Fiesque, et qui avait gagné tous ses gens, eut le paquet qu'elle envoyait à Guitaut deux heures après qu'il fut fermé. Il tira copie de la lettre du comte de Guiche, et jeta le paquet au feu; et, deux jours après, ayant appris que Mme de Fiesque était partie, il lui écrivit cette lettre :

LETTRE

Si vous eussiez eu autant d'envie de vous éclaircir des choses dont vous témoignez douter que j'en avais, par mille raisons, de vous ôter toutes sortes de scrupules, vous n'eussiez pas entrepris un si long voyage, ou du moins eussiez-vous témoigné du chagrin de paraître si bonne amie. Je ne voudrais pas vous défendre d'avoir de la tendresse, mais je souhaiterais d'avoir part à l'application; et je vous avoue que si j'étais assez heureux pour y parvenir par la mienne, j'essayerais de n'en pas être indigne par ma conduite.

Dans le temps qu'on porta cette lettre à Mme de Fiesque, le chevalier alla trouver son neveu, chez lequel il rencontra Manicamp. Après quelque petit prélude de plaisanterie sur les bonnes fortunes du comte de Guiche en général : « Ma foi, mes pauvres amis, leur dit-il, vous êtes plus jeunes et plus gentils que moi, et je ne vous disputerai jamais une maîtresse que je ne connaîtrai pas de plus longue main que vous; pourtant aussi il faut que vous me cédiez sans contester celles qui ont quelque engagement avec moi. La vanité que leur donne le grand nombre d'amants les peut obliger à vous laisser prendre quelque espérance; il n'y en a guère qui rebutent d'abord les vœux des soupirants, mais tôt ou tard elles se remettent à la raison; et c'est alors que le nouveau venu passe mal son temps, et que le galant dit d'abord avec sa maîtresse : « Serviteur, messieurs de la sérénade. » Vous m'avez promis, de Guiche, de ne me plus tourmenter auprès de Mme de Fiesque; vous m'avez manqué de parole, et fait une infidélité qui ne vous a servi de rien; car cette comtesse m'a donné toutes les lettres que vous lui avez écrites, je vous en montrerai les originaux quand vous voudrez. Cependant voici la copie de la dernière, que je vous ai apportée. » Disant cela, il tira une lettre du comte de Guiche, et, l'ayant lue : « Eh bien, mes chers, leur dit-il, vous jouerez-vous une autre fois à moi ? » Pendant que le chevalier parlait, de Guiche et Manicamp se regardaient avec étonnement ne pouvant comprendre que Mme de Fiesque les eût si méchamment trompés. Enfin Manicamp, prenant la parole et s'adressant à de Guiche : « Vous étiez traité, dit-il, comme vous le méritiez; mais, puisque Mme de Fiesque n'a point eu de considération pour nous, ajouta-t-il, se retournant du côté du chevalier, nous ne sommes pas obligés d'en avoir pour elle. Nous voyons bien qu'elle nous a sacrifiés; mais il y a eu un temps où vous l'avez été aussi. Nous avons grand sujet de nous plaindre d'elle, mais vous n'en avez point du tout de vous en louer : quand nous nous sommes réjouis à vos dépens, nous en avons été pour le moins de moitié avec elle. — Il est vrai, reprit de Guiche, que vous n'auriez pas raison d'être satisfait de la préférence de Mme de Fiesque en votre faveur, si vous saviez l'estime qu'elle fait de vous; et cela fait tirer des conséquences infaillibles qu'elle est fort entre vos mains, puisque après les choses qu'elle m'a dites, elle ne me trahit que pour vous satisfaire. Eh bien, chevalier, jouissez en repos de cette perfide; si personne ne vous trouble que moi, vous vivrez bien content auprès d'elle. » Là-dessus, s'étant tous réconciliés de bonne foi, et donné mille assurances d'amitié à l'avenir, ils se séparèrent. De Guiche et Manicamp s'enfermèrent pour faire une lettre de reproche à cette comtesse au nom de Manicamp; mais elle, qui était innocente, lui répondit que son ami et lui avaient été pris pour dupes, et que le chevalier en savait plus qu'eux; qu'elle ne leur pouvait mander comment il avait eu la lettre qu'il leur avait montrée; mais qu'un jour elle leur ferait voir clairement qu'elle ne les avait point sacrifiés. Cette lettre ne trouvant plus Manicamp à Paris, qui en était sorti la veille avec de Guiche pour suivre Louis XIV en son voyage de Lyon, il ne la reçut qu'en arrivant à la cour, et ne pensa plus davantage à Mme de Fiesque.

Pendant que tout cela se passait, le prince de Marsillac entretenait toujours son commerce avec Mme d'Olonne. Cet amant la voyait le plus commodément du monde, la nuit chez elle et le jour chez Mme Cornuel, fille aimable de sa personne et de beaucoup d'esprit. Mme d'Olonne avait, dans la ruelle de son lit, un cabinet, au coin duquel elle avait fait faire une trappe qui répondait à un autre cabinet au-dessous, où le prince de Marsillac entrait quand il était nuit; un tapis de pied cachait la trappe, et une table la couvrait. Ce prince passait ainsi les nuits avec sa maîtresse, et, selon le bruit commun, ne s'y endormait pas. Cela dura jusqu'à ce qu'elle alla aux eaux, et, pendant qu'elle y fut, il lui écrivit mille billets qu'on ne rapporte pas ici, parce qu'ils n'en valent pas la peine; il lui écrivit cette lettre un jour avant qu'il allât lui dire adieu.

LETTRE

Je n'ai jamais senti une douleur si vive que celle que je sens aujourd'hui, ma chère, parce que je ne vous ai point encore quittée depuis que nous nous aimons; il n'y a que l'absence, et une première absence comme celle-ci, qui me puisse réduire au pitoyable état où je suis. Si quelque chose pouvait adoucir mon chagrin, ma chère, ce serait la croyance que j'aurais que vous souffririez autant que moi. Ne trouvez pas mauvais que je vous souhaite de la peine, puisque c'est une marque de mon amour. Adieu, croyez-bien que je vous aime et que je vous aimerai toujours : car, si une fois vous en étiez bien persuadée, il ne serait pas possible que vous ne m'aimassiez toute votre vie.

RÉPONSE

Consolez-vous, mon cher, si ma douleur vous soulage; elle est au point où vous la pouvez souhaiter. Je ne vous la saurais mieux faire voir qu'en vous disant que je souhaite que vous m'aimiez autant que je vous aime. En doutez-vous, mon cher ? Venez me trouver, mais venez de bonne heure, afin que je sois plus longtemps avec vous, et que je me récompense en quelque manière de l'absence que je vais souffrir. Adieu, mon cher; soyez en repos du côté de mon amour; il sera pour le moins aussi grand que le vôtre.

Le prince de Marsillac ne manqua pas de se trouver au rendez-vous bien plus tôt qu'à l'ordinaire, et, abordant sa maîtresse, il se jette dessus son lit, où il fut longtemps à fondre en larmes, sans pouvoir parler. Mme d'Olonne, de son côté, ne paraissait pas moins touchée; mais, comme elle eût encore bien souhaité de son amant d'autres marques d'amour que celles de sa douleur : « Hé quoi, mon cher, lui dit-elle, vous me mandiez tantôt que mes déplaisirs soulageraient les vôtres; cependant l'affliction où vous me voyez ne vous rend pas moins désespéré. » A ces mots le prince de Marsillac redoubla ses soupirs sans lui répondre; l'abattement de l'âme avait causé celui du corps, et je crois que cet amant pleurait l'absence de sa vigueur plutôt que celle de sa maîtresse : toutefois, comme les jeunes gens reviennent de loin, et qu'il était de bon tempérament, il commença de se ravoir et se rétablit en bien peu de temps; de manière que Mme d'Olonne eut tout sujet d'en être satisfaite. Après qu'il lui eut donné mille témoignages de bonne santé, elle lui recommanda d'en avoir soin sur toutes choses, et lui dit qu'elle jugerait par là de l'amour qu'il avait pour elle; là-dessus, ils se firent mille protestations de s'aimer toute leur vie. Ils convinrent des moyens de s'écrire, et se dirent adieu, l'un pour aller à la cour, et l'autre pour prendre le chemin de Bourbon.

Le lendemain, le prince de Marsillac étant allé dire adieu à Mme Cornuel, il la pria de bien persuader à sa maîtresse de prendre plus garde à sa conduite qu'elle n'avait encore fait. « Reposez-vous sur moi, lui dit cette fille; elle sera bien incorrigible si je ne la mets sur le bon pied. » Deux jours après, Mme Cornuel alla chez Mme d'Olonne, et l'ayant priée de faire dire à sa porte qu'elle était sortie : « Je suis trop votre amie, madame, lui dit-elle, pour ne vous pas parler franchement de tout ce qui regarde votre conduite et votre réputation. Vous êtes belle, vous êtes jeune, vous avez de la qualité, du bien et de l'esprit, vous êtes fort aimée d'un honnête homme que vous aimez fort, tout cela vous devrait rendre heureuse; cependant vous ne l'êtes pas, car vous savez ce que l'on dit de vous; nous en avons quelquefois parlé ensemble, et, cela étant, vous seriez folle si vous n'étiez contente. Je n'entreprends pas de considérer vos fragilités; je suis femme comme vous, et je sais les besoins de notre sexe. Vos manières sont insupportables; vous aimez les plaisirs, madame, et j'y consens, mais c'est un ragoût pour vous que le bruit, et sur cela je vous condamne. Vous ne sauriez vous défaire de vos emportements ? Est-il possible que vous ne soyez pas au désespoir quand vous entendez dire la réputation où vous êtes, et qu'on cache l'amour qu'on a pour vous par honte plutôt que par discrétion ? — Hé! qu'y a-t-il de nouveau, ma chère ? Le monde recommence-t-il ses déchaînements contre moi ? — Non, madame, dit Mme Cornuel, il ne fait que les continuer, parce que vous continuez toujours à lui donner de nouvelles matières. — Je ne sais donc ce qu'il faut faire, reprit Mme d'Olonne, toute la prudence qu'on peut avoir en amour je pensais l'avoir, et, depuis que je me mêle d'aimer, je n'ai jamais laissé traîner d'affaires; sachant bien d'ordinaire que le grand bruit ne se fait qu'avant que l'on soit d'accord et quand on n'agit pas de concert ensemble. Je vous prie, ma chère, ajouta-t-elle, de me bien dire exactement ce qu'il faut que je fasse pour bien aimer et pour avoir une galanterie qui ne me ferait point de tort dans le monde quand elle serait soupçonnée, car je suis résolue de faire mon devoir à l'avenir dans la dernière régularité. — Il y a tant de choses à dire sur ce chapitre, dit Mme Cornuel, que je n'aurais jamais fait si je ne voulais rien oublier; néanmoins, je vous dirai les principales le plus succinctement qu'il me sera possible.

« Premièrement, il faut que vous sachiez, madame, qu'il y a trois sortes de femmes qui font l'amour : les débauchées, les coquettes et les honnêtes maîtresses. Quoique les premières fassent horreur, elles méritent assurément plus de compassion que de haine, parce qu'elles sont emportées par la force de leur tempérament, et qu'il faut une application presque impossible pour réformer la nature; cependant, s'il y a un rencontre où il faille se vaincre soi-même, c'est en celui-là, dans lequel il ne va pas moins que de l'honneur ou de la vie.

« Pour les coquettes, comme le nombre en est plus grand, je m'étendrai davantage sur ce chapitre. La différence des débauchées à elles, c'est que dans le mal que font celles-ci il y a au moins de la sincérité; dans celui que font les coquettes il y a de la trahison. Les coquettes nous disent pour s'excuser, quand elles écoutent les douceurs de tout le monde, que quelque honnête femme qu'on soit, on ne hait pas une personne qui nous dit qu'elle nous aime.

« Mais on leur peut répondre qu'il y a des distinctions à faire. Si cet amant s'adresse à une femme qui veut être honnête pour elle-même ou pour un amant, j'avoue qu'elle ne pourra pas haïr un homme pour les sentiments qu'il aura pour elle; mais cela n'empêchera pas qu'elle ne doive prendre garde à ne pas avoir plus de complaisance pour lui que pour un autre qui ne lui aurait jamais rien témoigné, de peur qu'elle n'entretienne par là ses espérances, et qu'enfin cela ne fasse du bruit et ne nuise à la réputation qu'elle veut conserver.

« Si c'est une femme préoccupée à qui un homme témoigne de l'amour, elle aura les mêmes précautions que l'autre pour empêcher que cela ne continue; mais, s'il est opiniâtre, je soutiens qu'elle le haïra autant qu'elle aimera son véritable amant, parce qu'il est naturel de haïr les ennemis de celui qu'on aime, parce que l'amour que l'on ne veut pas reconnaître importune, et parce que, l'amant bien traité pouvant soupçonner qu'une passion qui dure à son rival est pour le moins soutenue de quelques espérances, une honnête maîtresse regarde comme son ennemi mortel un rival qui la met au hasard de perdre son amant qu'elle aime plus que sa vie. Cela étant sans difficulté, il faut que vous sachiez encore qu'il y a plusieurs sortes de coquettes. Les unes trouvent de la gloire à se voir aimées de beaucoup de gens sans en avoir aimé aucun, et ne voient pas que ce sont les avances qu'elles font qui attirent le monde et qui les retiennent plutôt que le mérite. D'ailleurs, comme il n'est pas possible qu'elles dispensent leurs faveurs si également qu'il ne paraisse quelqu'un mieux traité qu'un autre, et qu'il y en a même qui ne se contentent pas de l'égalité, et qui veulent de la préférence, cela donne de la jalousie aux mécontents, et enfin du dépit, qui leur fait dire en les quittant tout ce qu'ils savent et ne savent pas.

« Il y a d'autres coquettes qui ménagent plusieurs amants afin de sauver le véritable dans la multitude et de faire dire qu'elles n'ont point d'affaire, puisqu'elles traitent également tous ceux qui les voient; mais on découvre la vérité, qui est le mieux qui leur puisse arriver, ou, plutôt que de croire qu'elles n'aiment personne, tout le monde croit qu'elles les aiment tous.

« Il y en a d'autres qui, en ménageant plusieurs amants, veulent persuader que, si elles aimaient quelqu'un, elles ne se hasarderaient pas à le fâcher; cependant elles le fâchent et le perdent avec cela : car de s'imaginer, si c'est en l'absence de leur véritable amant qu'elles font l'amour, qu'il ne le saura pas connaître, ou, si c'est devant lui, qu'en usant comme de concert ensemble il verra bien que ce n'est rien, puisqu'elles le prennent pour témoin de ce qu'elles font, ou qu'en tout cas, s'il se fâche, les douceurs qu'elles lui feront et les promesses de n'y plus retourner l'obligeront à se radoucir, tout cela est fort sujet à caution. L'on ne trompe pas longtemps un amant. S'il ne découvre aujourd'hui, il découvrira demain.

Disant : Lon la la,
Il vous quittera là.

« Et quand la passion serait si forte qu'il ne s'en pourrait guérir, les reproches et les fracas qu'il fera donneront plus de chagrin à la maîtresse coquette que tous ces ménagements ne lui auront fait de plaisir. Il y a des coquettes qui croient être en si mauvaise réputation dans le monde, qu'elles n'oseraient avoir de la rigueur pour personne, de peur que cela ne passe pour un sacrifice à quelqu'un, et qui ne songent pas qu'il vaudrait mieux pour leur honneur qu'elles fussent convaincues du sacrifice. Voilà, madame, la manière des coquettes. Il faut maintenant que je vous fasse voir celle des honnêtes maîtresses.

« Pour elles, ou elles sont satisfaites de leur amant, ou elles ne le sont pas. Si elles ne le sont pas, elles tâchent de le ramener à son devoir par une conduite tendre et honnête; si cela ne se peut absolument, elles rompent sans bruit, sur un prétexte de dévotion ou de jalousie d'un mari, après avoir retiré, si elles peuvent, leurs lettres et tout ce qui les peut convaincre; et, sur toutes choses, elles font en sorte que leurs amants ne croient pas qu'elles les quittent pour d'autres.

« Si elles sont contentes de leurs amants, elles les aiment de tout leur cœur, elles le leur disent sans cesse et leur écrivent le plus tendrement qu'elles peuvent; mais, comme cela seulement ne leur prouve pas leur amour, parce que les coquettes en disent autant ou plus tous les jours, leurs actions et leurs procédés justifient assez le fond de leur cœur, parce qu'il n'y a que cela d'infaillible. On peut toujours dire qu'on aime, quoiqu'on n'aime pas; on ne peut avoir longtemps un procédé tendre pour quelqu'un sans l'aimer.

« Une honnête maîtresse craint plus que la mort de donner de la jalousie à son amant, et, quand elle le voit alarmé sur quelque soupçon qu'il a pu prendre de l'opiniâtreté de son rival, elle ne se contente pas du témoignage de sa conscience; elle redouble ses soins et ses caresses pour celui-là, et ses rigueurs pour celui-ci. Elle ne remet pas la dernière sévérité pour une autre fois, croyant qu'elle se défera toujours d'un importun trop tard. Elle sait qu'autant de moments qu'elle différerait de chasser ce rival, elle donnerait autant de coups de poignard dans le cœur de celui qu'elle aime : elle sait que, d'abord que son amant commence à avoir des soupçons, le moindre petit soin qu'elle prendra de les lui ôter lui conservera l'estime et l'amour qu'il a pour elle; au lieu que, si elle négligeait de le satisfaire et de le guérir, il viendrait à avoir si peu de confiance en elle, qu'elle ne le pourrait rétablir en lui offrant même de perdre sa réputation; elle sait qu'un amant croirait toujours que ce serait la crainte qu'elle aurait de lui qui lui arracherait les sacrifices qui passeraient dans son esprit, en un autre temps, pour des grandes marques d'amour; elle sait que des femmes en qui on a de la confiance on excuse tout, qu'on ne pardonne rien à celles de qui on se défie; elle sait enfin qu'on vient quelquefois à être fatigué du tracas qu'on reçoit d'une maîtresse et des reproches qu'on lui a faits après lui avoir pardonné mille fautes considérables, et qu'on rompt sur une bagatelle, lorsque la mesure est pleine et qu'on ne peut plus souffrir tant de chagrins.

« Il y a des femmes qui aiment fort leurs amants qui ne laissent pas de leur donner de la jalousie par leur mauvaise conduite, et cela vient de ce qu'elles se flattent trop de l'assurance qu'elles ont de leurs bonnes intentions, et de ce qu'elles ne tranchent pas assez nettement les espérances aux gens qui leur parlent d'amour, ou qui seulement leur en témoignent par des soins et des assiduités. Elles ne savent pas que les civilités d'une femme qu'on aime sont des faveurs dont tous les amants se flattent quelquefois, parce qu'ils ont du mérite, ou souvent parce qu'ils en croient avoir, tantôt parce qu'ils n'ont pas bonne opinion des gens à qui ils s'adressent, et pensent que la résistance qu'on fait n'est seulement que pour se faire valoir. De sorte que, si une femme qui n'a jamais donné lieu de parler d'elle est toujours fort jalouse de sa réputation, elle doit prendre garde, comme j'ai déjà dit, de n'entretenir en nulle manière les espérances de tout ce qui a l'air d'amant; que, si c'est une femme qui n'ait pas eu jusque-là assez de soin de sa conduite, et qu'elle en veuille prendre à l'avenir, comme vous, madame, il faut qu'elle soit plus rude qu'une autre, et surtout qu'elle soit égale en sa sévérité, car la moindre bonté à quoi elle se relâche rengage plus un amant que cent refus ne le rebutent.

« Une honnête maîtresse a tant de sincérité pour son amant, que, plutôt que de manquer à lui dire les choses de conséquence, elle lui dit jusqu'à des bagatelles, sachant bien que, s'il allait savoir par d'autres voies de certaines choses indifférentes, que l'on rend criminelles en les redisant, cela ferait le plus méchant effet du monde. Elle ne garde aucune mesure avec lui sur la confiance; elle lui dit non seulement ses propres secrets, mais ceux même qu'elle a pu savoir autrefois, ou qu'elle apprend d'ailleurs tous les jours. Elle traite les gens de ridicules, qui disent qu'étant maîtresse du secret d'autrui nous ne le devons pas dire à nos amants. Elle répond à cela que, s'ils nous aiment toujours, ils n'en diront jamais rien, et que, s'ils viennent à nous quitter, nous aurions bien plus à perdre que le secret de notre ami; mais elle croit qu'on ne les doit jamais regarder comme n'en devant plus être aimées, et qu'autrement nous serions folles de leur accorder des faveurs.

« Sa maxime est enfin que qui donne son cœur n'a plus rien à ménager : elle sait qu'il n'y a que deux rencontres où elle se pourrait dispenser de dire tout à son amant, l'un s'il était fort étourdi, et l'autre s'il avait eu quelque galanterie auparavant la sienne : car il serait imprudent à elle de lui en parler, à moins qu'il la pressât fort, et en ce cas-là ce serait lui qui attirerait le chagrin qu'il en recevrait.

« Enfin une honnête maîtresse croit que ce qui justifie son amour même auprès des plus sévères, c'est quand elle est vivement touchée, quand elle prend plaisir à le faire bien voir à son amant, quand elle le surprend par mille petites grâces à quoi il ne s'attend pas, quand elle n'a rien de réservé pour lui, quand elle s'applique à le faire estimer de tout le monde, et qu'enfin elle fait de sa passion la plus grande affaire de sa vie. A moins que cela, madame, elle tient que l'amour est une débauche, et que c'est un commerce brutal et un métier dont les femmes perdues subsistent. »

Après qu'elle eut cessé de parler : « Bon Dieu! dit Mme d'Olonne, les belles choses que vous venez de me dire, mais qu'elles sont difficiles à pratiquer! J'y trouve même un peu d'injustice; car enfin, puisque nous trompons bien nos maris, que les lois ont faits nos maîtres, pourquoi nos amants en seraient-ils quittes à si bon marché, eux que rien ne nous oblige d'aimer que l'estime que nous en faisons, et que nous prenons pour nous en servir tant et si peu qu'il nous plaira ? — Je ne vous ai pas dit, repartit Mme Cornuel, que nous ne devions quitter nos amants quand ils nous déplaisent, ou par leur faute ou par dégoût; mais je vous ai fait voir la manière délicate dont il nous fallait dégager pour ne pas donner sujet de nous décrier dans le monde; car enfin, madame, puisque l'on a mis si tyranniquement l'honneur des dames à n'aimer pas ce qu'elles trouvent aimable, il faut s'accorder à l'usage, et se cacher au moins quand il faut aimer. — Eh bien, ma chère, repartit Mme d'Olonne, je m'en vais faire merveille, et j'y suis tout à fait résolue; mais avec cela je fonde les plus grandes espérances de ma conduite sur la fuite des occasions. — Que ce soit fuite ou résistance, reprit Mme Cornuel, il n'importe, pourvu que votre amant soit satisfait de vous. » Et là-dessus, l'ayant exhortée de demeurer ferme dans ces bonnes intentions, elle s'en alla.

Pendant l'absence de Mme d'Olonne et du prince de Marsillac, ils s'écrivirent fort souvent; mais, comme il n'arriva rien de remarquable, je ne parlerai point de leurs lettres, qui ne parlaient que de leur amour et de l'impatience qu'ils avaient de se revoir. Mme d'Olonne revint la première à Paris. De Guiche, qui était aussi arrivé de la cour, commença de rendre des visites assez fréquentes à cette belle. Pendant le voyage de Lyon, il avait persuadé au prince des Andégaviens (le duc d'Anjou), frère de Louis XIV, auprès duquel il était fort bien, de faire une galanterie, à son retour à Paris, avec Mme d'Olonne, et s'était offert de l'y servir et de lui faire bientôt avoir le consentement. Ce prince avait promis de faire les pas nécessaires; en sorte qu'en toutes les conversations que de Guiche avait avec Mme d'Olonne il ne lui parla que de l'amour que le prince avait pour elle. Il lui dit qu'il l'avait donné à connaître plus de cent fois pendant le voyage, et qu'assurément elle le verrait soupirer aussitôt qu'il serait de retour. Une femme qui avait aimé des bourgeois et des gentilshommes, les uns bien beaux et les autres bien laids, pouvait bien aimer un beau prince. Mme d'Olonne reçut la proposition du comte de Guiche avec une joie qu'on ne peut exprimer, et si grande, qu'elle ne fit pas seulement les façons que les coquettes font ordinairement. Une autre eût dit qu'elle ne voulait aimer personne, mais moins un prince que qui que ce fût parce qu'il ne pouvait avoir d'attachement.

Mme d'Olonne qui était la plus naturelle de toutes les femmes, et la plus emportée, ne garda pas de bienséance, et répondit à de Guiche qu'elle s'estimait bien plus qu'elle n'avait encore fait, puisqu'elle plaisait à un si grand prince et si raisonnable.

Lorsque la cour fut revenue à Paris, le duc d'Anjou ne répondit point aux empressements auxquels Mme d'Olonne avait été préparée par de Guiche : ils ne lui servirent qu'à lui faire connaître que ce prince n'avait que de l'indifférence pour elle.

De Guiche, voyant que le prince ne mordait pas à l'hameçon, changea de dessein, et voulut au moins que les services qu'il avait voulu rendre à Mme d'Olonne lui tinssent lieu de quelque chose auprès d'elle : il résolut d'en faire l'amoureux; et, parce que le commerce qu'il avait eu avec elle sur les amours prétendues du prince lui avait donné de grandes habitudes et familiarités, il ne balança point de lui écrire cette lettre.

LETTRE

Nous avons travaillé jusqu'ici en vain, madame; la reine vous hait, et le duc d'Anjou appréhende de la fâcher. J'en suis au désespoir pour vos intérêts. Vous m'en pourriez bien consoler, madame, si vous vouliez, et je vous conjure de le vouloir : puisque l'aigreur naturelle de la mère difficile et la faiblesse du fils ont ruiné tous mes desseins, il faut prendre d'autres mesures. Aimons-nous, madame, cela est déjà fait de mon côté; et, si le duc d'Anjou vous eût aimée, je vois bien que je me fusse brouillé avec lui, parce que je n'aurais pu résister à l'inclination que j'ai pour vous. Je ne doute pas, madame, que la différence ne vous choque d'abord; mais défaites-vous de votre ambition, et vous ne vous trouverez pas si malheureuse que vous pensez; et je suis assuré, madame, que quand le dépit vous aura jetée entre mes bras, l'amour vous y retiendra.

Quoi qu'on veuille dire contre les femmes, il y a souvent plus d'imprudence que de malice en leur conduite; la plupart ne pensent pas, quand on leur parle d'amour, qu'elles doivent jamais aimer. Cependant elles vont plus loin qu'elles ne pensent; elles font les choses comme si elles devaient toujours être cruelles, dont elles se repentent fort quand elles sont devenues plus humaines. La même chose arriva à Mme d'Olonne : elle eut un chagrin insupportable d'avoir manqué un cœur après l'avoir accepté parmi ses conquêtes, et, cherchant quelqu'un à qui s'en prendre pour amuser sa douleur, elle trouva fort vraisemblable de croire que de Guiche, pour son propre intérêt, avait empêché le duc d'Anjou de l'aimer; de sorte que, pour se venger et pour s'assurer du prince de Marsillac, que toute cette intrigue avait étrangement alarmé, elle lui sacrifia la lettre du comte de Guiche, sans considérer que l'amour peut-être l'obligerait à la même chose des lettres du prince de Marsillac. Celui-ci, à qui Mme d'Olonne faisait tant de faveurs, en usa comme un homme fort satisfait de sa maîtresse. Il lui rendit mille grâces de sa sincérité, et se contenta de triompher de son rival sans en tirer une gloire indiscrète.

Cependant de Guiche, qui ne savait pas le destin de sa lettre, alla le dimanche chez Mme d'Olonne; mais il y vint tant de monde ce jour-là, qu'il ne lui put parler d'affaires. Il remarqua seulement qu'elle l'avait fort regardé; et, de chez elle, il en alla faire confidence à Mme de Fiesque, à qui il ne celait rien depuis son retour de Lyon. Il dit aussi son affaire à Vineville (M. de Vineuil), qui tous deux séparément jugèrent, sur la fragilité de la dame et la gentillesse du chevalier que sa poursuite ne serait ni trop longue ni infructueuse; et, en effet, Mme d'Olonne avait trouvé de Guiche si bien fait, qu'elle s'était repentie du sacrifice qu'elle venait de faire au prince de Marsillac. Le lendemain, de Guiche retourna chez elle, et, l'ayant trouvée seule, lui parla de son amour. La belle en fut fort aise, et reçut cette déclaration le plus agréablement du monde, mais, après être convenus de s'aimer, comme ils étaient dessus de certaines conditions, des gens entrèrent, qui obligèrent de Guiche à sortir un moment après.

Mme d'Olonne, s'étant aussi débarrassée de sa compagnie le plus tôt qu'elle put, monta en carrosse, et, voulant découvrir si Mme de Fiesque ne prenait plus d'intérêt à de Guiche, elle la fut trouver. Après quelques conversations sur d'autres sujets, elle lui demanda son avis sur le dessein qu'elle lui dit que de Guiche avait pour elle. La comtesse de Fiesque lui répondit qu'il ne fallait que consulter son cœur en une pareille rencontre.

« Mon cœur ne me dit pas beaucoup de choses en faveur du comte de Guiche, répondit Mme d'Olonne, et ma raison m'en dit mille contre lui; c'est un étourdi, je ne l'aimerai jamais. » Et, en disant cela, elle prit congé d'elle, sans attendre de réponse.

D'un autre côté, de Guiche, étant retourné à son logis, y rencontra M. de Vineuil, qui l'attendait avec une impatience extrême de savoir l'état de ses affaires. De Guiche lui dit assez froidement qu'il croyait que tout était rompu, de la manière dont Mme d'Olonne le traitait. Et, comme Vineuil voulait savoir le détail de la conversation, de Guiche, qui avait peur de se découvrir, changeait de propos à tout moment, ce qui donna quelque soupçon à Vineuil, qui était fin et amoureux de Mme d'Olonne, et qui ne se mêlait des affaires du comte de Guiche que pour se prévaloir auprès de sa maîtresse des choses qu'il aurait apprises. Il sortit, voyant qu'il ne lui pouvait rien faire avouer; et, trois jours durant, fut dans des inquiétudes mortelles de ne pouvoir apprendre ce qu'il souhaitait. Il allait chez Mme de Fiesque avec un visage disgracié depuis qu'il voyait que de Guiche ne lui donnait plus de part dans l'honneur de sa confidence. Il n'en disait rien à cette belle, pour ne pas se décréditer en faisant voir son malheur. Enfin au bout de trois jours, étant allé chez de Guiche : « Qu'ai-je fait, lui dit-il, monsieur, qui vous oblige à me traiter ainsi ? Je vois bien que vous vous cachez de moi sur l'affaire de Mme d'Olonne; apprenez-m'en la raison, ou, si vous n'en avez point, continuez à me dire ce que vous savez comme vous avez accoutumé. — Je vous demande pardon, mon pauvre Vineuil, lui dit de Guiche; mais Mme d'Olonne, en m'accordant les dernières faveurs, avait exigé de moi que je ne vous en parlasse point, et à Mme de Fiesque encore moins qu'au reste du monde, parce qu'elle disait que vous êtes un méchant homme et Mme de Fiesque jalouse. Quelque indiscret que l'on soit, il n'y a point d'affaire que l'on ne tienne secrète au commencement quand on a pu se passer de confident pour en venir à bout. Je l'éprouve aujourd'hui, car naturellement j'aime assez à conter une affaire amoureuse; cependant j'ai été trois jours sans vous conter celle-ci, vous à qui je dis toutes choses. Mais donnez-vous patience, mon cher, je m'en vais vous dire tout ce qui s'est passé entre Mme d'Olonne et moi, et par un détail le plus exact du monde, pour réparer en quelque sorte l'offense que j'ai faite à l'amitié que j'ai pour vous.

« Vous saurez donc qu'à la première visite que je lui rendis, après lui avoir écrit la lettre que vous avez vue, il ne me parut à sa mine ni rudesse ni douceur, et la compagnie qui était chez elle m'empêcha de m'en éclaircir mieux. Tout ce que je pus remarquer d'elle, c'est qu'elle m'observait de temps en temps depuis les pieds jusqu'à la tête. Le lendemain, l'ayant trouvée seule, je lui représentai si bien mon amour, et la pressai si fort d'y répondre, qu'elle m'avoua qu'elle m'aimait, et me promit qu'elle m'en donnerait des marques à la condition que je vous ai dite. Vous savez bien que je dus lui promettre, et, dans ce moment, Mme d'Olonne me dit de venir le lendemain un peu devant la nuit, déguisé en fille qui lui apporterait des dentelles à vendre. Etant donc retourné chez moi, je vous y trouvai, comme vous le savez, et vous pûtes bien voir, par la froideur avec laquelle je vous reçus, que tout le monde m'importunait, et particulièrement, vous mon cher, de qui j'avais plus de sujet de me défier que de tout autre. Vous vous en aperçûtes aussi, et c'est ce qui vous fit soupçonner que je ne vous disais pas tout. Lorsque vous fûtes parti, je donnai ordre que l'on dît à ma porte que je n'étais pas au logis, et je me préparai pour ma mascarade du lendemain. Tout ce que l'imagination peut donner de plaisir par avance, je l'eus vingt-quatre heures durant. Les quatre ou cinq dernières me durèrent plus que toutes les autres. Enfin, celle que j'attendais avec tant d'impatience étant arrivée, je me fis porter chez Mme d'Olonne. Je la trouvai en cornette sur son lit, avec un déshabillé de couleur de rose. Je ne vous saurais exprimer, mon cher, combien elle était belle ce jour-là. Tout que l'on peut dire était au-dessous des agréments qu'elle avait : sa gorge était à demi ouverte; elle avait plus de cheveux abattus qu'à l'ordinaire, et tous annelés; ses yeux étaient plus brillants que les astres, et l'amour animait son teint du plus beau vermillon du monde : — Eh bien, mon cher, me dit-elle, me saurez-vous gré de ce que je vous épargne la peine de soupirer longtemps ? Trouvez-vous que je vous fasse acheter trop cher les grâces que je vous fais ? Mais quoi ! vous me paraissez interdit. — Ah ! madame, interrompis-je, je serais bien insensible si je conservais du sang-froid dans l'état où je vous vois. — Mais puis-je m'assurer, me dit-elle, que vous ayez perdu le souvenir de Mme de Beauvais et de Mme de Fiesque ? — Oui, lui dis-je, vous voyez bien que je me suis presque oublié moi-même. — Je ne crains, répliqua-t-elle, que l'avenir; car, pour le présent, je me trompe fort, mon cher, si je vous laisse penser à d'autres qu'à moi. » Et, en achevant ces paroles, elle se jeta à mon cou, et, me serrant avec les bras, elle attendait une réponse; mais, de ma part, ce fut inutilement. Il faut se connaître, Vineuil, et savoir à quoi on est propre; pour moi je vois bien que ce n'est pas mon fait que les dames; il me fut impossible d'en sortir à mon honneur, quelque effort que fît mon imagination, et l'idée de la présence du plus bel objet du monde. « Qu'y a-t-il, dit-elle, monsieur, qui vous met dans un si pauvre état ? Est-ce ma personne qui vous donne du dégoût, et n'avez-vous plus rien à me dire ? » Ce discours me fit tant de honte, qu'il acheva de m'ôter les forces qui me restaient. « Je vous prie, lui dis-je, de ne point accabler un misérable de reproches, puisque assurément je suis ensorcelé. » Au lieu de me répondre, elle appela sa femme de chambre et lui dit : « Mais, Quinette, dites-moi la vérité; comment suis-je faite aujourd'hui ? Ne suis-je pas malpropre? Ne trompez pas votre maîtresse; il y a quelque chose à mon fait qui ne va pas bien. » Quinette n'osant répondre dans la colère où elle la vit, Mme d'Olonne lui arracha un miroir qu'elle tenait, et, après avoir fait toutes les simagrées qu'elle avait accoutumé de faire quand elle voulait plaire à quelqu'un, pour juger si ma timidité venait de sa faute ou de la mienne, elle secoua sa jupe, qui était toute froissée, et entra brusquement dans un cabinet qu'elle avait à la ruelle de son lit. Pour moi, qui étais comme un condamné, je me demandais à moi-même si tout ce qui s'était passé n'était pas un songe, avec toutes les réflexions qu'on peut faire en de pareilles rencontres. Je m'en allai au logis de Manicamp, où, lui ayant conté mon aventure : « Je ne comprends pas, lui dis-je, une aussi extraordinaire faiblesse; je pense qu'en quittant les habits d'un homme j'en avais dépouillé le courage, moi qui ai été jusqu'ici une espèce de chancelier. » Comme j'achevais de parler, un de mes gens m'apporta une lettre de la part de Mme d'Olonne, qu'un des siens lui avait donnée:

la voici dans ma poche, je vais vous la lire. » De Guiche, l'ayant tirée, la lut à Vineuil.

LETTRE

Si je n'aimais que comme tant d'autres dames, je me plaindrais d'avoir été trompée; mais, bien loin de m'en plaindre, j'ai de l'obligation à votre faiblesse; elle est cause que, dans l'absence du plaisir que vous n'avez pu me donner, j'en ai goûté d'autres par imagination, qui ont duré plus longtemps que ceux que vous m'eussiez donnés, si vous eussiez fait comme un autre homme. J'envoie maintenant savoir ce que vous faites, si vous avez pu gagner votre logis : ce n'est pas sans raison que je vous fais cette demande; car je ne vous ai jamais vu en si méchant état que celui où je vous ai laissé. Je vous conseille de mettre ordre à vos affaires : avec le peu de chaleur naturelle que je vous ai vu, vous ne sauriez vivre longtemps. En vérité, monsieur, vous me faites pitié, et, quelque outrage que j'aie reçu de vous, je ne laisse pas de vous donner un bon avis. Si vous êtes ensorcelé, faites dire des prières et brûler des cierges; car, pour moi, à qui mon miroir et ma réputation ne mentent pas, je ne crains point qu'on me puisse accuser.

« Je n'eus pas plutôt achevé de lire cette lettre, ajouta de Guiche, que je fis cette réponse :

RÉPONSE

Je vous avoue, madame, que j'ai bien fait des fautes, car je suis homme, et encore jeune; mais je n'en ai jamais fait une plus grande que celle de la nuit passée; elle n'a point d'excuse, et vous ne me sauriez condamner à quoi que ce soit, que je n'aie bien mérité. J'ai tué, j'ai trahi, j'ai fait des sacrilèges; et, pour tous ces crimes-là, vous n'avez qu'à inventer des supplices. Si vous voulez ma mort, je vous irai porter mon épée; si vous ne me condamnez qu'au fouet, je vous irai trouver tout nu en chemise. Souvenez-vous toujours, madame, que j'ai manqué de pouvoir, et non pas de volonté. J'ai été comme un brave soldat sans armes, quand il faut qu'il aille au combat. De vous dire, madame, d'où cela est venu, je serais bien empêché; peut-être m'est-il arrivé comme à ceux à qui l'appétit se passe quand ils ont trop à manger; peut-être que la force de l'imagination a consumé la force naturelle. Voilà ce que c'est, madame, de donner tant d'amour; une médiocre beauté n'aurait pas troublé l'ordre de la nature et aurait été plus satisfaite. Adieu, madame; je n'ai rien à vous dire davantage, sinon que peut-être me pardonnerez-vous le passé si vous me donnez lieu de faire mieux à l'avenir. Je ne demande pour cela pas plus de temps que demain à la même heure qu'hier.

« Après avoir envoyé par un de mes laquais ces belles promesses à celui de Mme d'Olonne, qui attendait la réponse, je m'y en allai à la même heure, ne doutant pas que mes offres ne fussent bien reçues. Mais, auparavant, je voulus prendre un soin particulier de ma personne. Je me baignai, je me fis frotter avec des essences et des senteurs, je mangeai des œufs frais et des culs d'artichauts, je pris un peu de vin, ensuite je fis cinq ou six tours de chambre, et me mis au lit sans Manicamp. J'avais à la tête de réparer ma faute, je fuyais mes amis comme la peste. Enfin, m'étant levé gaillard de corps et d'esprit, je dînai de fort bonne heure, aussi légèrement que j'avais soupé, et, ayant passé l'après-dînée à donner ordre à mon petit équipage d'amour, je m'en allai chez Mme d'Olonne à la même heure que l'autre fois. Je la trouvai sur son même lit, ce qui me donna quelque appréhension qu'il ne me portât malheur; mais enfin, m'étant rassuré le mieux que je pus, je m'en allai me jeter à ses genoux. Elle était à demi déshabillée, et tenait un éventail dont elle se jouait. Sitôt qu'elle me vit, elle rougit un peu, dans le souvenir assurément de ma timidité de la veille; Quinette s'étant retirée, la première chose qu'elle fit, ce fut de mettre son éventail devant mes yeux, et cela l'ayant rendue plus hardie que s'il y avait eu une muraille entre nous deux : — Eh bien, me dit-elle, ce mystère me sera-t-il dévoilé ? Parlerez-vous ? aurez-vous plus de confiance en votre mérite ? — En mon mérite! Je ne sais, lui répondis-je, mais beaucoup en vos charmes! Hélas! un charme plus puissant que tous les siens me força encore une fois de m'en aller comme j'étais venu, plus timide même peut-être, et la bouche close.

« Une troisième fois enfin je m'aventurai chez Mme d'Olonne : elle dormait, ou plutôt, en me voyant, elle fit semblant de dormir. Qu'elle était belle encore dans ce silence, mais plus assez sans doute pour m'intimider, et cette fois j'osai tout lui dire : elle ne se réveilla qu'à la fin de mon discours; mais son sourire me prouva qu'elle avait tout entendu. Vous jugez bien, mon cher, ajouta de Guiche, qu'elle ne me dit point d'injures en la quittant, comme elle avait fait les autres jours. Voilà l'état de mes affaires, que je vous prie de faire semblant d'ignorer. » Vineuil le lui ayant promis, ils se séparèrent. De Guiche alla chez Mme de Fiesque, à qui, entre autres choses, il dit qu'il ne s'engagerait plus à Mme d'Olonne.

Cet amant ne fut pas longtemps avec sa nouvelle maîtresse sans que le prince de Marsillac s'en aperçut. Quelques soins qu'il prît de tromper celui-ci, et quelque peu d'esprit qu'il eût, la jalousie, qui tient lieu d'ordinaire de finesse, lui fit découvrir en elle moins d'empressement pour lui qu'elle n'avait accoutumé; de sorte que, lui ayant fait quelque plainte douce au commencement, et puis après un peu aigre, voyant enfin qu'elle n'en faisait pas moins, il se résolut de se venger tout d'un coup de son rival et de sa maîtresse. Il donna donc à tous ses amis les lettres de Mme d'Olonne et les pria de les montrer partout; et, sachant que la duchesse de Montpensier haïssait fort de Guiche, il lui donna la lettre qu'il avait écrite à sa maîtresse, dans laquelle il parlait fort mal de la reine et du duc d'Anjou. La première chose que fit la princesse fut de montrer cette lettre au prince, croyant l'animer d'autant plus contre lui, qu'elle savait que ce prince l'aimait fort. Cependant il n'eut pas l'emportement que la princesse avait espéré : il se contenta de dire à Estebar (le comte de Lauzun) que son cousin était un ingrat, et qu'il ne lui avait jamais donné sujet de parler de lui comme il faisait; que tout le ressentiment qu'il avait aboutirait à n'avoir plus pour lui la même estime qu'il avait eue; mais que, si la reine savait la manière dont il parlait d'elle, elle n'aurait pas tant de considération que lui.

La princesse, n'étant pas satisfaite de voir tant de bonté au prince pour de Guiche, se résolut d'en parler à la reine; et, comme elle dit son dessein à quelqu'un, le maréchal de Gramont, qui en fut averti, l'alla supplier de ne point pousser son fils. Elle le lui promit, et n'y manqua pas aussi. Cette grande princesse était fière, et ne pardonnait pas aisément aux gens qui n'avaient pas pour elle tout le respect dû à sa grande naissance et à son mérite extraordinaire; mais, quand une fois elle était persuadée qu'on l'aimait, il n'y avait rien de si bon qu'elle. Pendant que le maréchal de Gramont et ses amis tâchaient d'étouffer le bruit qu'avait fait le prince de Marsillac avec la lettre du comte de Guiche, on apprit que Mme d'Olonne montrait celle-ci pour ruiner un mariage qui faisait la fortune du prince de Marsillac.

LETTRE

Ne songez-vous point, madame, à la contrainte où je suis ? Il faut que deux ou trois fois la semaine j'aille rendre visite à mademoiselle de*** (du Plessis-Liancourt), que je lui parle comme si je l'aimais, que je lui donne des heures que je ne devrais employer qu'à vous voir, à vous écrire et à songer à vous. En quelque état que je puisse être, ce me serait une grande peine d'être obligé à entretenir une enfant; mais, maintenant que je ne vis que pour vous, vous devez bien juger que c'est une mort pour moi. Ce qui me fait prendre patience en quelque manière, c'est que j'espère de me venger d'elle en l'épousant sans l'aimer, et qu'après cela, voyant de plus près la différence qu'il y a de vous à elle, je vous aimerai toute ma vie encore plus, si cela se peut, que je ne vous aime à présent.

Cela d'abord surprit tout le monde; on avait vu jusque-là des amants indiscrets, et point encore de maîtresse; on ne pouvait s'imaginer qu'une femme, pour se venger d'un homme qu'elle n'aimait pas, aidât elle-même à se convaincre. Cette indiscrétion ne fit pourtant pas le même effet que Mme d'Olonne s'était promis : le seigneur de Liancourt, grand-père de mademoiselle du Plessis-Liancourt, sachant que Mme d'Olonne le voulait aigrir contre le prince de Marsillac, répondit à ceux qui lui parlaient de cette lettre que, hors l'offense de Dieu, le prince de Marsillac ne pouvait pas mieux faire, jeune comme il était, que s'appliquer à gagner le cœur d'une aussi belle dame que celui de Mme d'Olonne; que ce n'était pas d'aujourd'hui qu'on décriait les femmes dans les ruelles des maîtresses; mais que, comme la passion qu'on avait pour elles était bien plus violente que celle qu'on avait pour les autres, elle ne durait pas d'ordinaire si longtemps, comme par exemple celle du prince de Marsillac pour Mme d'Olonne, qui était éteinte. Cela ne ruina donc pas les affaires du prince de Marsillac, comme elle l'avait espéré : elle confirma seulement ce qu'on pouvait dire d'elle et ôta à ses amis les moyens de la défendre.

Les choses étant en ces termes, de Guiche, étant demeuré le maître en apparence, alla trouver un soir Mme de Fiesque, et, après quelques discours généraux, elle le pria de remercier de sa part l'abbé Foucquet de quelque service qu'elle prétendait avoir reçu de lui; mais de bien exagérer l'obligation qu'elle lui avait. Etant un des principaux personnages de cette histoire il est à propos de faire voir comme il était fait.

L'abbé de Foucquet, frère du procureur du roi,

grand trésorier des Gaules, était d'origine angevine, famille de robe avant sa fortune, mais depuis gentilhomme. Comme le roi, il avait les yeux bleus et vifs, le nez bien fait, le front grand, le menton un peu avancé, la forme du visage plate, les cheveux d'un châtain clair, la taille médiocre et la mine basse. Il avait de l'esprit et ne savait pas vivre; il avait un air honteux et embarrassé; il avait la conduite du monde la plus éloignée de sa profession. Il était agissant, ambitieux, et fier avec les gens qu'il ne connaissait pas, mais le plus chaud et le meilleur ami qui fût au monde. Il s'était embarqué à aimer plus par gloire que par amour : mais, après, l'amour était demeuré le maître. La première femme qu'il avait aimée était Bellamire (la duchesse de Chevreuse), de la maison de Lotharinge, dont il avait été fort aimé. L'autre était Angélie (madame de Châtillon), qui, dans les faveurs qu'elle lui avait faites, avait beaucoup plus considéré son intérêt que son plaisir. Comme c'était la plus extraordinaire femme de la France, il faut voir la suite de sa vie.

HISTOIRE

D'ANGÉLIE ET DE GINOLIC

(MADAME ET M. DE CHATILLON)

Angélie était fille du seigneur de Vélitobulie (de Bouteville), qui eut la tête coupée pour s'être battu en duel contre les édits du père de Théodose (Louis XIII). Mme de Châtillon avait les yeux noirs et vifs, le front petit, le nez bien fait, la bouche rouge, petite et relevée, le teint comme il lui plaisait; mais d'ordinaire, elle le voulait avoir blanc et rouge; elle avait un rire charmant, et qui allait éveiller la tendresse jusqu'au fond des cœurs. Elle avait les cheveux fort noirs, la taille grande, l'air bon, les mains longues, sèches et noires, les bras de la même couleur et carrés, ce qui tirait à de méchantes conséquences pour ce que l'on ne voyait pas. Elle avait l'esprit doux, accort, flatteur et imaginant; elle était infidèle, intéressée et sans amitié. Cependant, quelque prévenu que l'on fût de ses mauvaises qualités, quand elle voulait plaire, il n'était pas possible de se défendre de l'aimer : elle avait des manières qui charmaient; elle en avait d'autres qui attiraient le mépris de tout le monde. Pour de l'argent et des honneurs, elle se serait déshonorée et aurait sacrifié père, mère et amant. M. de Châtillon, après la mort d'Irondat, son père (le maréchal de Châtillon) et de son frère aîné (Maurice de Coligny), devint amoureux de Mlle de Bouteville; et, parce que Tyridate (le prince de Condé) en devint aussi amoureux, M. de Châtillon le pria de se déporter de son amour, puisqu'il n'avait pour but que la galanterie, et que lui songeait au mariage. Condé, parent et ami de M. de Châtillon, ne put honnêtement lui refuser sa demande; comme sa passion ne faisait que de naître, il n'eut pas beaucoup de peine à s'en défaire, et il promit à M. de Châtillon, non seulement qu'il n'y songerait plus, mais aussi qu'il le servirait en cette affaire contre le maréchal son père et ses parents, qui s'y opposaient. Et en effet, malgré tous les arrêts du sénat (parlement) et tous les obstacles que le maréchal son père y put apporter, Condé assista si bien M. de Châtillon, qu'on appelait alors Gaspar, par la mort de son frère, qu'il lui fit enlever Mlle de Bouteville, et lui prêta vingt mille livres pour sa subsistance. M. de Châtillon mena sa maîtresse à Château-Tithery (Thierry), où il consomma le mariage. De là, ils allèrent à Stancy (Stenay), place de sûreté, que Condé, à qui elle était, leur avait donnée pour séjour. Mais, soit que M. de Châtillon ne trouvât pas sa femme si bien faite qu'il se l'était imaginé, soit que l'amour dont il était satisfait lui donnât le loisir de faire des réflexions sur le mauvais état de ses affaires, soit qu'il craignît d'avoir donné à sa femme le mal qu'il avait, il lui prit un chagrin épouvantable le lendemain de son mariage, et, pendant qu'il fut à Stenay, ce chagrin lui continua de telle sorte, qu'il ne sortait non plus des bois qu'un sauvage. Deux ou trois jours après, il s'en alla à l'armée, et sa femme dans un couvent de religieuses à deux lieues de Paris. Ce fut là où Vascovie (Roquelaure), qui savait sa nécessité, lui envoya mille pistoles, et Vineuil deux mille écus, qu'on leur doit encore, quoique Mme de Châtillon soit riche, et que cet argent ait été employé à son usage.

Le défaut d'âge de M. de Châtillon, lorsqu'il épousa Mlle de Bouteville, rendant son mariage invalide, et se trouvant majeur à son retour, on passa un contrat de mariage, dans le palais que Condé avait à Paris, devant tous les parents de Mlle de Bouteville; enfin ils furent épousés au Grand-Temple (Notre-Dame) par le sous-pontife (le cardinal de Retz). Quelque temps après, Mme de Châtillon, se sentant incommodée, alla prendre les eaux, où Amédée (le duc de Nemours), la rencontra et devint amoureux d'elle.

Le duc de Nemours avait les cheveux fort blonds, le nez bien fait, la bouche petite et de belle couleur; il avait la plus jolie taille du monde, et dans ses moindres actions une grâce qu'on ne pouvait assez admirer; l'esprit fort enjoué et badin. La liberté de se voir à toute heure, que l'usage introduit dans les lieux où on prend des eaux, donna mille occasions au duc de Nemours de faire connaître son amour à sa maîtresse; mais, sachant qu'on n'a jamais réglé d'affaire amoureuse qu'en faisant une déclaration de bouche ou d'écrit, il se résolut d'en parler. Un jour qu'il était seul chez elle : « Il y a plus d'une semaine, madame, lui dit-il, que je balance à vous dire ce que je sens pour vous, et, quand à la fin je me détermine à vous en parler, c'est après avoir vu toutes les difficultés que je puis trouver dans ce dessein. Je me fais justice, madame, et par cette raison je ne devrais pas espérer. D'ailleurs, vous venez d'épouser un amant aimé; c'est une difficile entreprise de l'ôter de votre cœur et de se mettre en sa place. Cependant je vous aime, madame, et, quand vous devriez, pour n'être pas ingrate, vous servir de cette raison contre moi, je vous avoue que c'est mon étoile, et non pas mon choix qui m'oblige à vous aimer. »

Mme de Châtillon n'avait jamais eu tant de joie que ce discours lui en donna; aussi le duc de Nemours lui avait paru si aimable, que, si c'eût été l'usage que les femmes eussent parlé les premières de leur amour, celle-ci n'eût pas si longtemps attendu que fit son amant; mais la peur de ne paraître pas assez précieuse l'embarrassa si fort, qu'elle fut quelque temps sans savoir que répondre. Enfin, s'efforçant de parler, et pour cacher le désordre que son silence témoignait : « Vous avez raison, lui dit-elle, monsieur, avec toutes les façons imaginables, de croire que j'aime fort mon mari; mais vous voulez bien qu'on prenne la liberté de vous dire que vous avez tort d'avoir sur votre chapitre tant de modestie; et si on était en état de reconnaître les bontés que vous avez pour les gens, vous verriez qu'ils vous estiment plus que vous ne le croyez. — Madame, repartit le duc de Nemours, il ne tient qu'à vous que je ne sois le plus honnête homme de Gaule. » A peine eut-il achevé, que Demura (la comtesse de Maure) entra dans la chambre, devant laquelle il fallut changer de conversation. Quoique ces deux amants ne changeassent point de contenance, leur embarras fit juger à cette dame que leur affaire était plus avancée qu'elle n'était : et cela fut cause qu'elle se préparait à faire sa visite plus courte, lorsque le duc de Nemours la prévint. Ce prince amoureux et discret, sachant bien qu'il jouait un méchant personnage devant une femme clairvoyante comme était la comtesse de Maure, sortit et s'en alla chez lui écrire cette lettre :

LETTRE

Je sors d'auprès de vous, madame, pour être plus avec vous que je n'étais. La comtesse de Maure m'observait, et je n'osais vous regarder; je craignais même, comme elle est habile, que cette affection ne me découvrît; car enfin, madame, on sait si bien qu'il faut vous regarder quand on est auprès de vous, que l'on croit que qui ne vous regarde pas y entend finesse. Si je ne vous vois pas maintenant, madame, au moins on ne s'aperçoit pas que j'ai de l'amour, et j'ai la liberté de ne l'apprendre qu'à vous; mais que je serais heureux si je pouvais vous le persuader au point qu'il est, et que vous seriez injuste en ce cas-là, madame, si vous n'aviez quelque bonté pour moi!

Mme de Châtillon se trouva fort ébranlée ayant lu

cette lettre. Elle ne savait quel parti prendre de la douceur ou de la sévérité; celle-ci lui pouvait faire perdre le cœur de son amant, l'autre son estime, et tous les deux le rebuter. Enfin elle se résolut de suivre le plus difficile comme étant le plus honnête; et, quoi que lui dit son cœur, elle aima mieux faire ce que lui conseilla sa raison. Elle ne fit point de réponse au duc de Nemours; et, comme il entra le lendemain dans sa chambre : « Venez-vous encore, monsieur, lui dit-elle, faire quelque nouvelle offense, parce que l'on a l'humeur douce comme le visage ? Croyez-vous qu'il n'y ait qu'à entreprendre sur les gens ? S'il ne faut qu'être rude pour avoir votre estime, on en fait assez de cas pour se contraindre quelque temps. Oui, monsieur, on sera fière, et je vois bien qu'il le faut être avec vous. » Ces paroles furent un coup de foudre tombé sur ce pauvre amant. Les larmes lui vinrent aux yeux, et ses larmes lui parlèrent bien mieux que tout ce qu'il put dire. Après avoir été un moment sans parler : « Je suis au désespoir, madame, lui répondit-il, de vous voir en colère, et je voudrais être mort, puisque je vous ai déplu. Vous allez voir, madame, dans la vengeance que j'ai résolu de prendre de l'offense que vous avez reçue, que vos intérêts me sont bien plus chers que les miens propres; je m'en vais si loin de vous, madame, que mon amour ne vous importunera plus. — Ce n'est pas ce que je vous demande, interrompit cette belle; vous pourriez bien, sans me fâcher, demeurer encore ici : ne sauriez-vous me voir sans me dire que vous m'aimez, ou du moins sans me l'écrire ? — Non, répliqua-t-il, madame; il m'est absolument impossible. — Eh bien, monsieur, voyez-moi donc, reprit Mme de Châtillon, j'y consens; mais remarquez tout ce qu'on fait pour vous. — Ah! madame, interrompit le duc de Nemours, se jetant à ses pieds, si je vous ai adorée toute cruelle que vous étiez, jugez ce que je ferai quand vous aurez de la douceur. Oui, madame, jugez-en, s'il vous plaît; car je ne saurais exprimer ce que je sens. » Cette conversation ne finit pas comme elle avait commencé. Mme de Châtillon se dispensa de garder toute la rigueur qu'elle s'était promise; et, si le duc de Nemours n'eut pas de grandes faveurs, au moins eut-il sujet d'espérer de n'être pas haï.

Dans cette confiance, aussitôt qu'il fut chez lui, il écrivit à sa maîtresse.

LETTRE

Après m'avoir dit, madame, que vous consentiez que je vous visite, puisqu'il m'était impossible de vous voir sans vous dire que je vous aime, ou du moins sans vous l'écrire, je vous devrais écrire avec la confiance que ma lettre ne serait pas mal reçue. Cependant je tremble, madame; et l'amour, qui n'est jamais sans crainte de déplaire, me fait imaginer que vous avez pu changer de sentiment depuis trois heures. Faites-moi, madame˙ la grâce de m'en éclaircir par deux lignes. Si vous saviez avec quelle ardeur je les souhaite, et avec quels transports de joie je les recevrai, vous ne me jugeriez pas indigne de cette grâce.

Mme de Châtillon n'eut pas plutôt reçu cette lettre, qu'elle lui fit cette réponse :

RÉPONSE

Pourquoi serait-on changée, monsieur ? Mais, mon Dieu! que vous êtes pressant! N'êtes-vous pas satisfait de connaître vos forces, sans vouloir encore triompher de la faiblesse d'autrui ?

Le duc de Nemours reçut ce billet avec une joie qui le mit presque hors de lui-même; il le baisa cent fois, il ne pouvait cesser de le relire. Cependant l'amour de ces amants augmentait tous les jours, et Mme de Châtillon, qui avait déjà rendu son cœur, ne défendait plus le reste que pour le rendre plus considérable par la difficulté. Enfin, le temps de prendre les eaux étant expiré, il fallut se séparer, et, quoique l'un et l'autre s'en retournât à Paris, ils jugèrent bien tous deux qu'ils ne se reverraient plus avec tant de commodité qu'ils avaient fait à Bourbon. Dans la vue de ces difficultés, leur adieu fut pitoyable; le duc de Nemours assura plus sa maîtresse par les larmes qu'il répandit que par les choses qu'il lui dit; et la contrainte qu'il parut que Mme de Châtillon se faisait pour ne pas pleurer fit le même effet sur l'esprit de son amant. Ils se quittèrent fort tristes, mais fort persuadés qu'ils s'aimaient bien et qu'ils s'aimeraient toujours. Le reste de l'automne ils se virent peu, parce qu'ils étaient observés, mais ils s'écrivirent fort souvent.

Au commencement de l'hiver, la guerre civile, qui commençait de s'allumer, obligea Louis XIV de sortir de Paris assez brusquement, et de se retirer au château du Pec. En ce temps-là, le maréchal, père de M. de Châtillon, vint à mourir, et Condé, alors le bras du Grand Druide (le cardinal Mazarin), obtint le brevet de duc et pair pour son cousin de Châtillon. Les troupes arrivèrent de toutes parts; on bloqua la ville. La cour ne paraissait pas si triste, et les courtisans et les gens de guerre étaient ravis du mauvais état des affaires; le cardinal Mazarin seul, qui les pouvait ruiner, en cachait une partie à la reine, et le tout au jeune Louis XIV, à qui on ne parlait de la guerre que pour dire les défauts des rebelles; et, le reste du temps, on l'amusait à des passe-temps proportionnés à son âge. Entre autres personnes avec qui il aimait à jouer, Mme de Châtillon tenait le premier rang, et ce fut pour cela que Benserade fit le couplet de chanson sous le nom de son mari :

Châtillon, gardez vos appas, etc.

Dans tous ces petits jeux, le duc de Nemours ne perdit pas son temps, et il n'y en avait guère où

Mme de Châtillon et lui ne se donnassent des témoignages de leur amour; mais, à mesure que cette passion croissait, leur prudence ne faisait pas de même; on remarquait qu'ils se mettaient toujours vis-à-vis l'un de l'autre, et en état de se pouvoir dire le secret; à colin-maillard, quand l'un avait les yeux bouchés, l'autre venait se livrer, afin qu'en cherchant à connaître celui qu'il avait pris il eût le prétexte de le tâter partout; enfin il n'y avait point de jeu où l'amour ne leur fît trouver moyen de se faire des tendresses.

M. de Châtillon, que la connaissance de l'humeur de sa femme obligeait à l'observer, vit quelque chose de l'intelligence du duc de Nemours et d'elle; la gloire, plus que l'amour, lui fit recevoir ce déplaisir avec une impatience extrême. Il en parla à un de ses amis, qui, prenant à son chagrin toute la part qu'il y devait prendre, en alla parler à Mme de Châtillon : « Le service, dit-il, que j'ai voué à la maison de votre mari m'oblige à vous donner un avis qui vous est de conséquence. Belle comme vous l'êtes, madame, il n'est pas possible que vous ne soyez aimée, et comme, vos intentions étant bonnes assurément, vous ne prenez pas garde assez à vos actions, la plupart des femmes qui vous envient et des hommes qui sont jaloux de la gloire de M. votre mari prennent en mauvaise part tout ce que vous faites. M. votre mari lui-même s'est aperçu que vous aviez une conduite qui, bien qu'elle fût plus imprudente que criminelle, ne laisse pas de vous faire tort dans le monde et de lui donner du chagrin. Vous savez comme il est jaloux de la gloire, et combien il craindrait la risée sur cette matière, je vous en donne avis et vous supplie très humblement d'y prendre garde; car, si vous vous reposez sur la netteté de votre conscience et que vous négligiez votre réputation, M. votre mari se pourrait porter à des violences contre vous qui ne vous laisseraient point en état de lui faire voir votre innocence. — Ce que vous dites, monsieur, lui répliqua Mme de Châtillon, ne me doit pas surprendre; M. le duc m'a de bonne heure accoutumée à ses caprices; dès le lendemain qu'il m'eut épousée, il prit une si furieuse jalousie de Roquelaure qui l'avait servi à mon enlèvement, qu'il ne la put cacher, et cependant on ne peut lui en donner moins de sujet; aujourd'hui le voilà qui commence à avoir des soupçons, je ne saurais deviner de qui : tout ce que je puis dire est que je doute qu'il eût là-dessus l'esprit en repos quand je serais à la campagne et que je ne verrais que mes domestiques. — Je n'entre pas, madame, reprit cet ami, dans un plus long détail avec vous, je ne sais même si M. votre mari regarde quelqu'un, quand il me témoigne de n'être pas satisfait de vous; mais vous pouvez, sur ce que je vous dis, prendre des mesures pour votre conduite. » Et là-dessus ayant pris congé d'elle, il la laissa dans une inquiétude épouvantable. D'abord elle en avertit le duc de Nemours, avec qui il fut résolu qu'ils se contraindraient plus qu'ils n'avaient fait par le passé.

Cependant Condé, qui ne songeait qu'à réduire le peuple de Paris par la famine, et à livrer le parlement, qui avait mis la tête du cardinal Mazarin à prix, crut qu'une des choses qui pouvaient autant avancer ce succès était la prise de Bouchemat (Charenton), que Chanleu gardait avec six ou sept cents hommes, à la tête desquels se voulut mettre Gornan de Gaule (le duc d'Orléans), oncle du roi, lieutenant général de la régence, et il vint attaquer Charenton par trois endroits. Comme il n'y avait que des retranchements aux avenues assez mauvaises, il ne fut pas fort difficile aux troupes de Louis XIV de les forcer. Mais M. de Châtillon, qui commandait les attaques sous Condé, poussant vigoureusement les ennemis, fut blessé au bas du ventre d'une mousquetade, dont il mourut la nuit suivante. Le prince le regretta fort, et sa douleur fut si violente, qu'elle ne put pas durer. Par ce qui s'était passé, l'on peut juger que le duc de Nemours fut fort médiocrement touché, on le jugera encore mieux par ce qui arriva ensuite. Cependant Mme de Châtillon pleura; elle s'arracha les cheveux et donna des apparences du plus grand désespoir du monde. Le public fut tellement trompé, qu'on en fit le sonnet suivant :

SONNET

Châtillon est donc mort au moment que la cour
Lui préparait l'honneur que méritaient ses armes.
Mars vient de le ravir au milieu des alarmes,
Et, malgré sa victoire, il a perdu le jour.

Quand on vous eut ôté l'espoir de son retour,
Quels furent vos transports, beauté pleine de charmes!
Quiconque les a vus, s'il les a vus sans larmes,
Il faut qu'il ait le cœur insensible à l'amour.

En un pareil état, et pareille surprise,
Ni Mausole jamais, ni jamais Artémise,
N'eurent tant de sujets de se plaindre du sort.

O discorde funeste, en misères féconde!
Que ne feras-tu point si ton premier effort
A déjà fait pleurer les plus beaux yeux du monde!

Le duc de Nemours, qui était mieux averti que le reste du monde, ne s'étonna point de l'affliction de Mme de Châtillon; il prit si bien le temps où l'excès de la douleur avait altéré cette pauvre désespérée, et la pressa si fort de lui accorder des faveurs que la crainte qu'elle avait eue de son mari l'avait empêchée de lui faire pendant sa vie, qu'elle lui donna rendez-vous le jour de l'enterrement. La Bordeaux, l'une de ses filles, qui croyait que la mort de M. de Châtillon ruinait la fortune de Riconet, qui la cherchait en mariage, était en une véritable affliction; de sorte que, lorsqu'elle vit le duc de Nemours au point de recevoir les dernières faveurs de sa maîtresse un jour que les plus emportés se contraignent, l'horreur de cette action redoubla sa douleur, et, sans sortir de la chambre, elle troubla le plaisir de ces amants par ses soupirs et par ses larmes. Le duc de Nemours, qui voyait bien que, s'il n'apaisait cette fille, il n'aurait pas à l'avenir dans son amour toute la douceur qu'il se promettait, prit soin de la consoler. En sortant, il lui dit qu'il savait bien la perte qu'elle faisait en feu Châtillon, et qu'il voulait être son ami, et prendre, ainsi que le défunt, soin de sa fortune; qu'il avait autant de bonne volonté que lui, et peut-être plus de pouvoir, et qu'en attendant qu'il pût faire quelque chose de plus considérable pour elle il la priait de recevoir quatre mille écus qu'il lui enverrait le lendemain. Ces paroles eurent tant de vertu, que la Bordeaux essuya ses larmes et promit au duc de Nemours d'être toute sa vie dans ses intérêts, et lui dit que sa maîtresse avait toutes les raisons du monde de ne rien ménager pour lui donner des marques de son amour. Le lendemain, la Bordeaux eut les quatre mille écus que ce duc lui avait promis; aussi le servit-elle depuis préférablement à tous ceux qui ne lui en donnèrent pas tant.

Au commencement du printemps, la paix de Paris s'étant faite, la cour y revint. Condé, qui venait de tirer le cardinal Mazarin d'une méchante affaire, lui vendit chèrement les services qu'il lui avait rendus en cette guerre; non seulement Mazarin ne pouvait fournir aux grâces qu'il lui demandait; le Pont-de-l'Arche, que le prince lui avait arraché pour son beau-frère le prince des Normands (le duc de Longueville), le mariage d'Erlachie (Mme de Pons), qu'il avait fait hautement avec Irite (le duc de Richelieu), contre l'intention de la cour, et l'audace avec laquelle il avait exigé de la reine qu'elle vît Sienge (Jarzay), après la hardiesse que celui-là avait eue d'écrire à Sa Majesté une lettre d'amour, fit enfin résoudre Mazarin à se délivrer de la tyrannie où il était, sous prétexte de venger le mépris qu'on faisait de l'autorité royale; et il communiqua ce dessein à Gaston d'Orléans, qui se souvenait du bâton rompu de son exempt par Condé, et qui, pour cela et pour jalousie de son mérite, avait des raisons de le haïr. Et, parce que Mazarin lui fit connaître que le seigneur du Petit-Bourg, qui le gouvernait, était pensionnaire du Prince, il tira parole de lui qu'il cacherait cette affaire à son favori. L'on arrêta, au Palais-Royal, où logeait pour lors Louis XIV, Condé, le prince de Toncy (Conty), et le duc de Longueville.

Cependant le maréchal d'Auvergne (Turenne), qui, pour les liaisons qu'il avait avec Condé, pouvait craindre d'être pris, et qui d'ailleurs était enragé contre la cour pour la principauté de Sedan, qu'on avait ôtée à sa maison, se retira à Stenay où la princesse de Normandie (la duchesse de Longueville) arriva bientôt après. Des officiers du prince se jetèrent dans Bellegarde; Mme de Châtillon s'attacha auprès de la princesse douairière, et mit dans ses intérêts le duc de Nemours, son amant. Quelque temps après, la princesse fut mise en prison, et la princesse douairière eut permission d'aller voir sa cousine, Mme de Châtillon. Un prêtre nommé Baurin (Cambiac), qui s'était introduit chez Mme de Vélitobulie (de Bouteville), par le moyen de M. de Luxembourg, fut envoyé à Mme de Châtillon par sa mère : il n'y fut pas longtemps qu'il se rendit maître de son esprit, de telle sorte qu'il se mit entre elle et le duc de Nemours. Ce commerce lui donnant lieu d'avoir de grandes familiarités avec Mme de Châtillon, il en devint amoureux jusqu'au point de s'en évanouir en disant la messe. La princesse douairière étant tombée malade de la maladie dont elle mourut, le prêtre Cambiac, qui s'était acquis beaucoup de crédit sur son esprit, l'employa en faveur de Mme de Châtillon, à laquelle il fit donner pour cent mille écus de pierreries, et la jouissance, sa vie durant, de la seigneurie de Merlou, qui valait vingt mille livres de rente. Le duc de Nemours cependant avait été un peu alarmé; mais, quand il eut vu le testament de la princesse, il fut tout à fait jaloux; il ne crut pas qu'il fût aisé de résister à des services si considérables; et, quoiqu'il ne pût blâmer sa maîtresse de les avoir reçus, il était enragé qu'elle les tînt de la main d'un homme qu'il regardait déjà comme son rival; car il avait sujet de craindre qu'elle n'eût acheté par ses faveurs ce que le prêtre Cambiac avait fait pour elle. Quoiqu'elle aimât le duc de Nemours, elle aimait encore mieux les richesses. Cependant, comme elle n'eut plus affaire du prêtre Cambiac après la mort de la princesse douairière, il ne lui fut pas difficile de guérir l'esprit de son amant en chassant le pauvre prêtre.

Le cardinal de Retz et Mme de Chevreuse, qui avaient été du complot d'arrêter les princes, trouvant que Mazarin devenait trop insolent, firent entrer Gaston d'Orléans dans cette considération, et lui représentèrent que, s'il contribuait à la liberté des princes, non seulement il se réconcilierait avec eux, mais encore il les mettrait dans ses intérêts. Outre le dessein d'affaiblir le parti de Mazarin, qui donnait de l'ombrage à celui qu'on appelait la Fronde, chacun avait encore son intérêt particulier. Mme de Chevreuse voulait que le prince de Conty, pour qui la cour avait demandé le chapeau de cardinal à Rome, épousât sa fille, et le coadjuteur voulait être subrogé à la nomination du prince; ce fut sur cette promesse que Condé et Conty donnèrent signée de leurs mains à Mme de Chevreuse, à condition qu'elle et le coadjuteur travailleraient à les faire sortir de prison. La chose ayant réussi comme ils l'avaient projeté, et Mazarin même ayant été contraint de sortir de France, Condé n'eut pas de modération dans sa nouvelle prospérité, et cela obligea la cour à faire de nouveaux desseins sur sa personne. Il se retira d'abord en sa maison de Saint-

Maur, et quelque temps après à Moron, et de là à son gouvernement d'Aquitaine. Le duc de Nemours le suivit, et la duchesse de Longueville, qui était avec son frère, étant éprise du mérite du duc de Nemours, lui fit tant d'amitiés, que ce prince, quoique fort amoureux d'ailleurs, ne lui put résister; mais il se rendit par la fragilité de la chair plutôt que par l'attachement du cœur. Le duc de Coffalas (de La Rochefoucauld), qui était depuis trois ans amant aimé de la duchesse de Longueville, vit l'infidélité de sa maîtresse avec toute la rage qu'on peut avoir en un pareil rencontre. Elle, qui était remplie d'une grande passion pour le duc de Nemours, ne se mit guère en peine de ménager son premier amant. La première fois qu'elle vit Nemours en particulier, dans le moment le plus tendre du rendez-vous, elle lui demanda comment il avait été avec Mme de Châtillon. Le duc lui ayant répondu qu'il n'en avait jamais eu aucune faveur : « Ah! je suis perdue, lui dit-elle, et vous ne m'aimez pas, puisque, dans l'état où nous sommes à présent, vous avez la force de me cacher la vérité. » Ce commerce ne dura guère; car ce duc ne pouvait se contraindre à témoigner de l'amitié qu'il ne sentait pas; et l'on peut bien croire que la princesse, qui était malpropre et qui sentait mauvais, ne pouvait pas cacher ses mauvaises qualités à un homme qui aimait ailleurs éperdument. Ces dégoûts ne retardèrent pas aussi le voyage que le duc de Nemours devait faire en Flandre pour amener au parti de Condé un secours d'étrangers; mais la véritable cause de son impatience était le désir de revoir Mme de Châtillon, qu'il aimait toujours plus que sa vie. Il vint donc à passer à Paris, où il la revit, et la mit dans le malheureux état qu'on peut appeler l'écueil des veuves. Lorsqu'elle s'aperçut de son malheur, elle chercha du secours pour s'en délivrer. Des Fougerais, célèbre médecin, entreprit cette cure, et ce fut dans le temps qu'il la traitait de cette maladie que Condé revint de la Guyenne à Paris, et amena avec lui le duc de La Rochefoucauld.

Condé avait les yeux vifs, le nez aquilin et serré, les joues creuses et décharnées, la forme du visage longue, la physionomie d'un aigle, les cheveux frisés, les dents mal rangées et malpropres, l'air négligé, et peu de soin de sa personne, la taille belle; il avait du feu dans l'esprit, mais il ne l'avait pas juste; il riait beaucoup et fort désagréablement, il avait le génie admirable pour la guerre, et particulièrement pour les batailles. Le jour du combat il était doux aux amis, fier aux ennemis; il avait une netteté d'esprit, une force de jugement et une facilité sans égales. Il était né fourbe; mais il avait de la foi et de la probité aux grandes occasions; il était né insolent et sans égard, mais l'adversité lui avait appris à vivre.

Ce prince se trouvant quelques dispositions à aimer Mme de Châtillon, le duc de La Rochefoucauld l'échauffa encore davantage par le grand désir qu'il avait de se venger du duc de Nemours; et, comme la résistance de cette belle augmenta l'amour de ce prince, le duc de La Rochefoucauld lui persuada de lui donner la propriété de la seigneurie de Merlou, dont elle n'avait que l'usufruit, lui disant que Mme de Châtillon étant plus jeune que lui, ce présent ne faisait tort qu'à sa postérité, et qu'une terre de vingt mille livres de rente de plus ou de moins ne le rendait ni plus pauvre ni plus riche.

Lorsque le prince devint amoureux de Mme de Châtillon, elle était entre les mains de Des Fougerais, qui se servait de vomitifs pour la tirer d'affaire. Condé qui était toujours au pied de son lit, lui demandait sans cesse quelle était sa maladie. Cet amant, désespéré de voir sa maîtresse en danger de la vie, disait à son apothicaire qu'il le ferait pendre. Celui-ci, qui n'osait se justifier, allait dire à la Bordeaux, qui avait épousé Riconet, que, si on le pressait davantage, il découvrirait tout. Enfin les remèdes firent l'effet qu'on s'était promis. Ce fut peu de temps après cette guérison que, Condé ayant fait la donation de Merlou, Mme de Châtillon n'en fut pas ingrate; mais elle ne lui donna que l'usufruit de ce dont le duc de Nemours avait la propriété. Cependant le duc de La Rochefoucauld se vengea pleinement du duc de Nemours et lui donna des déplaisirs d'autant plus cuisants qu'il n'eut pas la force de se guérir de sa passion, comme avait fait le duc de La Rochefoucauld de celle qu'il avait eue pour la duchesse de Longueville. Outre cela, Condé avait encore Vineuil, son confident, qui, en le servant auprès de sa maîtresse, tâchait aussi de s'en faire aimer. Vineuil était frère du président Hardier, d'assez bonne famille de Paris, agréable de visage, assez bien fait de sa personne; il était savant et honnête homme; il avait l'esprit plaisant et satirique quoiqu'il craignît tout; et cela lui avait attiré souvent de méchantes affaires; il était entreprenant avec les femmes, et cela l'avait toujours fait réussir. Il avait été bien avec Mme de Montbazon, bien avec Mme de Mouy et bien avec la princesse de Wurtemberg (Anne de Coligny), et cette dernière galanterie l'avait tellement brouillé avec le feu duc de Châtillon, que, sans la protection de Condé, il eût souffert quelques violences; aussi la haine de Châtillon pour lui avait assez disposé sa femme à l'aimer. Mais laissons là Vineuil pour quelque temps et revenons au duc de Nemours.

La jalousie le transportait tellement, qu'un jour, ayant trouvé chez Mme de Châtillon Condé parlant tout bas avec elle, il s'écorcha toutes les mains de rage et de dépit sans s'en apercevoir; et ce fut un de ses gens qui lui fit prendre garde à l'état où il s'était mis. Enfin, ne pouvant plus souffrir les visites du prince, il la pria de s'en aller pour quelque temps chez elle. Elle qui l'aimait fort, et qui ne croyait pas que cette petite absence ralentît la passion du prince, ne se fit pas presser, et lui promit même de chasser la Bordeaux, qui avait quitté ses intérêts pour ceux de son rival. Mme de Châtillon ne fut pas longtemps à la campagne, et, à son retour, la jalousie reprit si fort au duc de Nemours qu'il fut vingt fois sur le point de faire tirer l'épée à Condé, et il eût enfin succombé à la tentation sans le combat qu'il fit avec son beau-frère, dans lequel il perdit la vie. Mme de Châtillon, qui, de vingt amants qu'elle a favorisés en sa vie, n'a jamais aimé que le duc de Nemours, fut dans un véritable désespoir de sa mort. Un de ses amis, qui lui en apporta la nouvelle, lui dit en même temps qu'il fallait qu'elle retirât des mains d'un des valets de chambre du feu duc une cassette pleine de ses lettres. Elle l'envoya quérir, et sur la promesse qu'elle lui fit de lui donner cinq cents écus, elle retira cette cassette; mais le pauvre garçon n'en a jamais rien pu tirer.

Pour Condé, quelque obligation qu'il eût au duc de Nemours, la jalousie les avait tellement désunis, qu'il fut fort aise de sa mort : la gloire aussi bien que l'amour avait mis tant d'émulation entre eux, qu'ils ne se pouvaient plus souffrir l'un l'autre; et cela était si vrai, que, si Condé eût voulu prendre toutes les précautions nécessaires pour empêcher le duc de Nemours de se battre, ce malheur-là ne serait pas arrivé. Une chose encore qui fit voir qu'il y avait dans le cœur de Condé autant de gloire que d'amour, c'est qu'un moment après la mort de son rival il n'aima presque plus Mme de Châtillon et se contenta de garder des mesures de bienséance avec elle, pour s'en servir dans les rencontres qu'il jugerait à propos.

En effet, dans ce temps-là, Mazarin, qui croyait qu'elle gouvernait Condé, lui envoya le grand prévôt de France lui offrir de sa part cent mille écus comptant et la surintendance de la maison de la reine future en cas qu'elle obligeât le prince d'accorder les articles qu'il souhaitait, et d'abandonner le comte d'Oignon, le duc de La Rochefoucauld et le président Viole. Pendant la négociation du grand prévôt, un chevau-léger, nommé Mouchette, négociait aussi de la part de la reine auprès de Mme de Châtillon; mais celle-ci, voyant qu'elle ne pouvait porter le prince à faire les choses que la cour désirait, manda à la reine qu'elle lui conseillait d'accorder au prince tout ce qu'il demanderait, et qu'après cela Sa Majesté savait bien comment il en fallait user avec un sujet qui, se prévalant du désordre des affaires de son maître, lui avait arraché des conditions honteuses et préjudiciables à son autorité.

Dans ce temps-là l'abbé Foucquet, ayant été pris par les ennemis, fut amené dans l'hôtel de Condé : d'abord il eut une conversation un peu fâcheuse avec le prince; mais le lendemain les choses s'adoucirent, et, quelques jours après, on commença de traiter la paix avec lui. Comme il était prisonnier sur sa parole et qu'il allait partout où il lui plaisait, il rendit quelques visites à Mme de Châtillon, croyant que rien ne se faisait auprès du prince de Condé que par son entremise; et ce fut dans ces visites qu'il en devint amoureux. Vineuil gouvernait alors assez paisiblement Mme de Châtillon. Cambiac s'était retiré depuis que M. le prince était amoureux, et que le duc de Nemours était mort, et cela avait fort diminué la passion du prince; de sorte que, peu de temps après, ayant été en Flandre par l'accommodement de Paris avec la cour, il fut sur le point de partir de Paris sans dire adieu à Mme de Châtillon; et, quand il l'alla voir, il ne fut qu'un moment avec elle.

Le roi étant revenu à Paris, l'abbé Foucquet crut que, si Mme de Châtillon y demeurait, il aurait des rivaux sur les bras qui lui pourraient être préférés; de sorte qu'il persuada à Mazarin de l'éloigner, disant qu'elle aurait à Paris tous les jours mille intrigues contre la cour, qu'elle ne pourrait pas avoir ailleurs; et cela obligea Mazarin de l'envoyer à Merlou. L'abbé Foucquet l'y alla voir le plus souvent qu'il put; mais il y avait encore dans son voisinage deux hommes qui lui rendaient de bien plus fréquentes visites : l'un était le seigneur Ferrar (Milord Craf), qui avait loué une maison auprès de Merlou, où il tenait d'ordinaire son équipage et venait quelquefois demeurer; et l'autre était le comte Digby, gouverneur de Mantes et de l'Ile-Adam. Ces deux chevaliers devinrent amoureux de Mme de Châtillon. Le seigneur Craf était homme de paix et de plaisir; le comte Digby brave, fier et plein d'ambition.

Lorsque le prêtre Cambiac avait vu le prince de Condé sortir de la cour de France, il s'était encore attaché à Mme de Châtillon; de sorte qu'il demeurait avec elle à Merlou; et, comme il ne craignait pas tant l'abbé Foucquet ni Digby que Condé, il disait franchement son sentiment à Mme de Châtillon sur la conduite qu'elle avait avec tous ses amants. Elle, qui ne voulait pas être contrariée sur ses nouveaux desseins, et particulièrement par un intéressé, reçut fort mal ses remontrances; de sorte que, les choses s'aigrissant de plus en plus tous les jours, le prêtre Cambiac enfin se retira en grondant et comme un homme que l'on devait craindre. Quelque temps après il lui écrivit une lettre sans nom et d'une autre écriture que la sienne, par laquelle il lui donnait avis de ce qui se disait dans le monde contre elle. Elle se douta pourtant bien que cette lettre venait de lui, parce qu'il lui mandait des choses qu'un autre que lui ne pouvait savoir. Enfin Mme de Châtillon, apprenant de toutes parts que le prêtre Cambiac se déchaînait contre elle, pria Mme d'Espanutes (de Puisieux), qui le connaissait fort et avait du pouvoir sur son esprit, de retirer quelque lettre de conséquence qu'il avait d'elle. Mme de Puisieux le lui promit, et en même temps manda au prêtre

Cambiac de l'aller trouver chez elle à Marines, proche Pontoise. Il faut remarquer que, depuis que le prêtre Cambiac était sorti d'auprès d'elle, elle avait fait mille plaintes à Digby. Cet amant, qui ne songeait qu'à plaire à sa maîtresse, et qui se consommait en dépenses pour elle, ne balança pas de lui promettre une vengeance qui ne lui coûterait rien et dans laquelle il trouverait son intérêt particulier. Il prit le temps que Cambiac, étant à Marines, était un jour monté à cheval pour se promener, et, l'ayant enlevé avec cinq ou six cavaliers, il l'envoya à Merlou. Mme de Châtillon, qui savait qu'on ne doit jamais offenser les amants à demi, fut fort embarrassée de la manière dont on venait de traiter le prêtre Cambiac, elle voyait bien qu'il n'en pouvait soupçonner d'autres qu'elle : elle eût bien plutôt pardonné à Digby la mort du prêtre Cambiac que son enlèvement; mais enfin, ne pouvant faire autre chose que ce qui venait d'être fait : « Je suis au désespoir, lui dit-elle, de ce qui vous vient d'arriver; je vois bien que l'impertinent qui vous a fait cet outrage me veut rendre suspecte auprès de vous; mais vous verrez bien, par le ressentiment que j'en aurai, que je n'ai point de part à ces violences. Cependant, monsieur, si vous voulez demeurer ici, vous y serez le maître; voulez-vous retourner à Marines? Je vous donnerai mon carrosse. — Je sais, madame, répondit froidement le prêtre Cambiac, ce que je dois croire de tout ceci; je vous rends grâces des offres que vous me faites, je m'en retournerai sur mon cheval si vous le trouvez bon. Dieu, qui me veut garantir des entreprises des méchants, aura soin de moi. » Et, en achevant ces mots, il sortit brusquement de la chambre de Mme de Châtillon et s'en retourna seul à Marines. Il n'y fut pas plutôt arrivé, que lui et Mme de Puisieux écrivirent ces deux lettres à un de leurs amis à Paris.

LETTRE DE CAMBIAC A M. DE B*** (HENRI-AUGUSTE DE LOMÉLIE COMTE DE BRIENNE)

Vous serez bien surpris lorsque vous apprendrez l'aventure qui m'est arrivée; mais, pour vous la dire telle qu'elle est, il faut la prendre un peu de haut, et vous dire que Mme de Châtillon vint ici pour obliger Mme de Puisieux à tirer de moi certaines choses qu'elle souhaitait. Mme de Puisieux m'écrivit, et vous savez encore que j'ai fait le voyage. Le même jour que j'arrivai, Mme de Châtillon envoya la Fleur savoir si j'y étais, et le lendemain un homme inconnu, sous de fausses enseignes, me vint demander et savoir si je m'en retournais bientôt à Paris. Hier au matin je partis d'ici à quatre heures, et comme j'étais à cent pas de Pontoise, après avoir passé la rivière, je fus investi par six cavaliers le pistolet à la main, à la tête desquels était le comte de Digby, qui me dit d'abord que, si Mme de Châtillon m'avait fait justice, elle m'aurait fait donner cent coups de poignard, mais que je ne craignisse rien. Je vous dirai qu'il fut sincère en ce rencontre, et que, dans cette affaire, il ne m'a pas fait faire la moindre bassesse : il me traita fort civilement à l'Isle-Adam, et, après avoir dîné, il me mena lui-même à Merlou et m'envoya avec quatre cavaliers pour faire satisfaction à cette digne personne. Elle fit semblant d'être fâchée de cela et le fut effectivement; la hauteur avec laquelle je lui parlai lui a bien fait comprendre que c'est la plus méchante affaire qu'elle se soit jamais faite. Je m'en retournai à Marines pour dire à Mme de Puisieux ce que Mme de Châtillon lui avait fait aussi bien qu'à moi. Elle en a le ressentiment que doit avoir une personne de sa qualité, de son honneur et de son courage. Voilà une chose assez extraordinaire : je vous conjure de me mander quels sont vos sentiments là-dessus, et ce que vous croyez que je doive faire; vous voyez bien, ce me semble, que je n'en dois pas demeurer là. Depuis, cette lâche personne a écrit à Mme de Puisieux pour la conjurer de faire en sorte que j'étouffe mon ressentiment, en l'assurant qu'elle n'a rien su de tout cela. La réponse qui lui a été faite est digne de la générosité de Mme de Puisieux. J'ai résolu d'être trois ou quatre jours ici pour me donner le loisir de penser à ce que je dois faire, et pour m'empêcher de m'emporter à rien dont je puisse me repentir; outre que de s'évaporer en plaintes, c'est se venger trop faiblement, et j'ai dessein d'en user autrement, si je puis. J'attendrai de vos nouvelles avec impatience, et je suis tout à vous. Une lettre ne me permet pas de mander en détail ce qui est fort long; je le ferai quand je vous verrai. Adieu.

Le 18 juillet 1655.

LETTRE DE MADAME DE PUISIEUX A M. DE BRIENNE

J'ai trop de part à l'aventure de M. Cambiac pour ne pas joindre un mot de ma main à la relation qu'il vous en a faite; il n'y a point de circonstance qui ne soit surprenante : et tout le mieux que l'on puisse penser de moi en cette affaire, c'est que l'on ne m'a guère considérée; car toutes les apparences sont que je dois être complice d'une si indigne action. Il est vrai que l'offensé me justifie assez, puisqu'il s'est venu retirer au même lieu où l'on lui avait dressé le piège. Toute mon étude est à présent de me conduire de façon que, sans m'emporter d'une juste colère, je démente assez toute ma vie passée pour faire voir que j'étais utile amie à Mme de Châtillon. Vous savez mon nom et mon courage, je vous en ai toujours parlé avec sincérité; je vous avoue de plus que je fais profession d'être chrétienne et assez régulière et que j'ai dessein de servir mon Dieu mon Créateur sans art et sans fourbe. Ce fondement posé, de tout ce que le ressentiment et la justice me peuvent permettre, je ne manquerai à rien. Obligez-moi de faire part de ceci à M. d'Aubigny, et ne passez pas outre : ce régal ne sera pas mauvais à la princesse Palatine, à qui je vous permets d'en parler. Je ne crois pas que le crime de Cambiac fût assez grand de s'être mis dans son devoir par le moyen de M. l'évêque d'Amiens, ni le mien de lui avoir conseillé, pour s'être attiré une si méchante affaire. Je retournerai exprès à Paris pour entretenir mes amis du particulier, et vous tout le premier. Il faut que ce petit mot de vengeance m'échappe. Mme de Châtillon n'est pas oubliée, quand l'occasion de parler d'elle se présente; je vous donne le bonjour; je suis trop en colère pour en attendre un aujourd'hui.

Peu de temps après ces deux lettres écrites, le prêtre Cambiac s'en retourna à Paris. Ne gardant plus aucunes mesures avec Mme de Châtillon, il la déchira partout où il se trouva; et, pour assouvir pleinement sa vengeance, il montra à la reine les lettres les plus emportées de Mme de Châtillon; la modestie de l'histoire ne permettra pas que l'on les puisse rapporter; mais, par les fragments les plus honnêtes que voici, on jugera du reste.

Elle mandait en beaucoup d'endroits au prêtre Cambiac qu'il pouvait s'assurer qu'elle ne lui donnerait jamais aucun sujet de se plaindre d'elle; qu'il en pouvait parler comme il lui plaisait; mais qu'il était plus généreux à lui d'en dire du bien qu'autrement; que, depuis qu'on s'était mis entre les mains des gens comme elle avait fait entre les siennes, ils pouvaient en abuser, et que le parti qu'une pauvre femme pouvait prendre en ce rencontre était d'écouter et de se taire. Dans un autre endroit, elle lui mandait qu'il avait beau faire, qu'elle l'aimerait toujours; et, bien qu'elle se préparât à faire une confession générale à Pâques, il n'y avait rien qui le regardât.

La reine fut fort surprise de l'emportement de Mme de Châtillon dans ses lettres : elle ne fut pourtant pas fâchée du mépris que cela lui attirait; et, lorsqu'elle eut appris l'insulte qu'on avait faite au prêtre Cambiac, elle en fit un fort grand bruit et dit publiquement que, puisque l'on maltraitait les gens qui rentraient dans leur devoir, le roi saurait bien faire justice.

Lorsque le comte de Digby vint voir la duchesse, après l'enlèvement du prêtre Cambiac, il fut fort étonné de ne recevoir d'elle que des reproches, au lieu des remerciements qu'il attendait. « Quand on vous témoignait, lui dit-elle, d'avoir du chagrin contre le prêtre Cambiac, cela ne voulait pas dire qu'il le fallût enlever : il est assez aisé de voir que dans cette belle action vous vous êtes plus considéré que moi-même, mais j'aurai soin de mes intérêts à mon tour et j'oublierai les vôtres. » Digby se voulut excuser sur ses intentions qui avaient été bonnes, et, comme il vit qu'elle ne s'apaisait point pour cela, il se fâcha aussi de son côté; Mme de Châtillon, craignant en le perdant de perdre un protecteur et un amant libéral, se radoucit et le pria de considérer une autre fois qu'il fallait dissimuler les injures avec des gens comme le prêtre Cambiac, ou qu'il fallait les perdre. Dans le temps que Digby commença à devenir amoureux de Mme de Châtillon, le seigneur Craf, qui, dans le temps du désordre d'Angleterre, avait suivi Charles II en France, avait loué une maison dans le voisinage de Merlou; l'oisiveté, la commodité et la manière insinuante de Mme de Châtillon avaient fait naître l'amour dans le cœur du seigneur. Mais, comme il était plus doux que le comte de Digby, sa passion n'avait pas tant fait de chemin que celle du comte.

Les choses étaient dans cet état, lorsque l'abbé Foucquet, voyant que ses affaires ne s'avançaient pas auprès de Mme de Châtillon, se servit de ce stratagème pour les hâter. Il avait appris que Riconet, beau-frère d'une des demoiselles de Mme de Châtillon, était caché dans Paris, où il avait des commerces avec elle pour les intérêts de M. le prince; il mit tant de gens en quête de Riconet, qu'il fut pris et mené à la Bastille. L'abbé Foucquet l'ayant fait interroger, il accusa Mme de Châtillon de plusieurs choses, et entre autres de lui avoir promis dix mille écus pour tuer Mazarin, et dit qu'elle lui en avait déjà donné deux mille d'avance. L'abbé Foucquet supprima ces informations et en fit faire d'autres, par lesquelles Riconet confessait toujours qu'il était à Paris dans le dessein de tuer le cardinal; mais il n'accusait point la duchesse de tremper dans cette conjuration; et tout ce qu'il disait contre elle était qu'elle avait intelligence avec le prince, et recevait quatre mille écus de pension des Espagnols. Il montra ces dernières informations à Mazarin, et les premières à Mme de Châtillon, par lesquelles, l'ayant épouvantée au point qu'on peut s'imaginer, il lui dit qu'il la sauverait si, pour lui faire voir sa reconnaissance, elle lui voulait donner les dernières marques de son amour. Mme de Châtillon, qui craignait la mort plus que toutes choses, ne balança de contenter l'abbé Foucquet qu'autant de temps qu'elle crut qu'il en fallait pour lui faire valoir cette dernière faveur. L'abbé Foucquet ne songeait plus qu'à faire sauver sa maîtresse : pour cet effet, il la fit sortir la nuit de Merlou et la mena en Normandie, où il la faisait changer tous les huit jours de demeure, déguisée tantôt en cavalier, tantôt en religieuse et tantôt en cordelier. Cela dura six semaines, pendant lesquelles l'abbé Foucquet, allait et venait de la cour au lieu où était Mme de Châtillon; enfin il lui fit prendre une amnistie, lorsque Riconet eut été roué, et la fit revenir à Merlou, où elle ne fut pas longtemps en repos; car elle jeta les yeux sur le maréchal Chamuy (Charles de Monchy), tant pour les avantages qu'elle pouvait tirer de lui, par les postes qu'il tenait sur la Somme, que pour la tirer de la tyrannie de l'abbé Foucquet, qui commençait à lui devenir insupportable.

Charles, maréchal de Monchy, avait les yeux noirs et brillants, le nez bien fait et le front un peu serré, le visage long, les cheveux noirs et crépus, et la taille belle; il avait fort peu d'esprit; cependant il était fin à force de défiance; il était brave et toujours amoureux, et sa valeur auprès des dames lui tenait lieu de gentillesse. Mme de Châtillon, qui le connaissait de réputation, crut qu'il était tout propre à faire les folies dont elle avait besoin. De Vignacourt, gentilhomme picard, son voisin, fut celui qu'elle employa auprès de lui. Le maréchal donc convint avec Vignacourt qu'en s'en allant commander l'armée de Catalogne il la verrait en passant à Merlou, comme si c'était le hasard qui eût fait cette entrevue. La chose arriva ainsi qu'elle avait été projetée, et Mme de Châtillon monta à cheval pour aller conduire le maréchal jusqu'à deux lieues de Merlou. Durant le chemin, elle lui conta le pitoyable état de sa fortune, le pria de vouloir être son protecteur, le flatta du titre de refuge des affligés et ressource des misérables : enfin elle le piqua tellement de générosité, qu'il lui promit de la servir envers et contre tous, et lui donna même ses tablettes, sur lesquelles il donnait ordre aux lieutenants de ses places de la recevoir elle et les siens toutes les fois qu'elle en aurait besoin. Cette entrevue fut découverte par l'abbé Foucquet, qui, voyant le maréchal de Monchy sur le point de revenir en cour et jugeant le voisinage de Mme de Châtillon et de lui dangereux pour les intérêts de la cour et les siens propres, persuada à Mazarin de l'éloigner de la frontière de Picardie, et lui fit donner ordre d'aller à son duché. Mme de Châtillon, s'étant mise en chemin, rencontra le maréchal de Monchy à Montargis, avec lequel elle renouvela les mesures qu'elle avait prises six mois auparavant, et, après s'être donné réciproquement, lui des paroles positives de la protéger contre la cour, et elle des espérances de lui accorder un jour des marques de sa passion, ils se séparèrent : le maréchal alla trouver le roi, et elle à son duché, où elle passa l'hiver, pendant lequel le maréchal de Monchy lui écrivait; et l'abbé Foucquet, qui comme patron était le plus difficile à contenter, supportait impatiemment les entrevues qui s'étaient faites entre le maréchal et Mme de Châtillon et le commerce qu'elle conservait avec lui. Pour s'excuser, elle lui disait que le maréchal s'employait auprès de Mazarin pour faire revenir la Bordeaux, qu'on lui avait ôtée, et pour lui faire obtenir à elle-même la permission de retourner à la cour; elle ajoutait qu'elle eût bien souhaité ne devoir ces grâces-là qu'à lui, mais qu'elle voulait ménager son crédit pour de plus grandes affaires. Ce qui persuada l'abbé Foucquet que l'intrigue du maréchal et d'elle pouvait ne regarder que la cour, c'est qu'au printemps elle revint, par son entremise, premièrement à Paris, et la Bordeaux avec elle.

Pendant la campagne du maréchal en Catalogne, le roi d'Angleterre, que les malheurs de sa maison obligeaient de demeurer en France et qui avait trouvé la duchesse fort à son gré, la revoyait à Merlou dans de petits voyages qu'il faisait chez le seigneur Craf, et ce commerce avait donné tant d'amour pour elle à ce prince, qu'il était résolu de l'épouser, Craf persuadant à son maître de la contenter à quelque prix que ce fût, sur les promesses que Mme de Châtillon avait faites à ce seigneur de lui donner les dernières faveurs s'il contribuait à la faire reine : et, en effet, elle l'eût été si Dieu, qui avait soin de la réputation de ce roi, n'eût amusé Mme de Châtillon d'une folle espérance qui lui fit manquer une si belle occasion.

Charles, roi d'Angleterre, avait de grands yeux noirs, les sourcils fort épais et qui se joignaient, le teint brun, le nez bien fait, la forme du visage longue, les cheveux noirs et frisés. Il était grand et avait la taille belle; il avait l'abord froid, et cependant il était doux et civil dans la bonne plus que dans la mauvaise fortune; il était brave, c'est-à-dire qu'il avait le courage d'un soldat et l'âme d'un prince; il avait de l'esprit, il aimait ses plaisirs, mais il aimait encore plus son devoir; enfin il était un des plus grands rois du monde; mais quelque heureuse naissance qu'il eût, l'adversité, qui lui avait servi de gouverneur, avait été la principale cause de son mérite extraordinaire.

M. le prince, en sortant de France, avait témoigné, comme j'ai dit, fort peu de considération pour Mme de Châtillon; mais, ayant su le cas que les Espagnols en faisaient par la pension qu'ils lui avaient donnée, et le crédit qu'elle avait à la cour de France par le moyen de l'abbé Foucquet, il s'était réchauffé pour elle. Et cela était si violent, qu'il lui écrivait les lettres les plus passionnées du monde, et entre autres on intercepta celle-ci, écrite en chiffres :

LETTRE

Quand tous vos agréments ne m'obligeraient point à vous aimer, ma chère cousine, les peines que vous prenez pour moi, les persécutions que vous souffrez pour être dans mes intérêts, et les hasards où cela vous expose, m'obligeraient à vous aimer toute ma vie. Jugez donc de tout ce que cela peut faire sur un cœur qui n'est ni insensible ni ingrat; mais jugez aussi des alarmes où je suis sans cesse pour vous. L'exemple de Riconet me fait trembler, et, quand je songe que ce que j'ai de plus cher au monde est entre les mains de mes ennemis, je suis dans des inquiétudes qui ne me donnent point de repos. Au nom de Dieu, ma pauvre chère, ne vous commettez plus comme vous faites; j'aime mieux ne retourner jamais en France que d'être cause que vous ayez la moindre appréhension : c'est à moi à m'exposer, et à mettre par la guerre mes affaires en état que l'on traite avec moi; alors, ma chère cousine, vous pourrez m'aider de votre entremise. Et cependant, comme les événements sont douteux à la guerre, j'ai un coup sûr pour passer ma vie avec vous, et nous lier d'intérêts encore plus que nous n'avons fait jusqu'ici. Ne croyez pas que madame la princesse soit un obstacle invincible à cela; on en rompt de plus considérables quand on aime autant que je fais. Je ne donne en cet endroit, ma chère cousine, aucunes bornes à mon imagination ni à vos espérances; vous les pourrez pousser aussi loin qu'il vous plaira. Adieu.

L'espérance qu'eut Mme de Châtillon sur cette lettre de pouvoir épouser M. le prince lui fit balancer à refuser les offres du roi d'Angleterre; elle consulta là-dessus un de ses amis en présence de la Bordeaux. Celle-ci, de qui le mari était auprès de M. le prince, disait à sa maîtresse qu'elle était visionnaire de songer un moment à épouser une ombre de roi, un misérable qui n'avait pas de quoi vivre, et qui, en se faisant moquer d'eux, la ruinerait en peu de temps; que, s'il était possible, contre toutes les apparences du monde, qu'il remontât un jour sur le trône, elle pouvait bien croire qu'étant las d'elle il la répudierait sous le prétexte d'inégalité de condition. Son ami lui disait, au contraire, que sa vision était d'épouser M. le prince, qui était marié, et dont la femme se portait bien; que les gens de la condition du roi d'Angleterre pouvaient quelquefois être en mauvaise fortune, mais qu'ils ne pouvaient jamais être dans cette extrême nécessité si commune aux particuliers; qu'il était beau à une demoiselle de vivre reine, quand même elle vivrait malheureuse, et qu'elle ne devait jamais refuser un titre honorable, quand elle ne le devrait porter que sur son tombeau. « Pour vous, mademoiselle (se retournant vers la Bordeaux), vous avez raison de parler comme vous faites à madame, ne considérant que vos intérêts; mais moi, qui n'ai égard qu'aux siens, je lui dis ce que je dois dire. » Mme de Châtillon leur rendit grâces de l'amitié qu'ils lui témoignèrent et leur dit qu'elle songerait encore à leurs raisons avant que de résoudre. Elle ne voulait pas répondre plus positivement devant son ami sur une affaire où elle avait honte de prendre le parti contraire à son avis. Cependant il en vint de plusieurs endroits au roi d'Angleterre de la vie de Mme de Châtillon, et de sa conduite présente avec l'abbé Foucquet. Il n'y a point d'homme un peu glorieux qui dans le commencement de son amour ait assez perdu la raison pour épouser une femme sans honneur.

Le roi d'Angleterre partit du voisinage de Merlou aussitôt qu'il eut appris toutes ces nouvelles et ne voulut pas hasarder, en voyant Mme de Châtillon, un combat qui pouvait être douteux entre ses sens et sa raison. Mme de Châtillon ne sentit pas alors la perte qu'elle faisait : le désir et l'espérance qu'elle avait du mariage de M. le prince lui rendirent toutes les autres choses indifférentes.

Mme de Châtillon étant revenue de son duché à Merlou au commencement du printemps par l'entremise du maréchal de Monchy, et quelque temps après à Paris, elle n'en fut pas ingrate. Ce petit service, et les promesses qu'il lui fit de tuer Mazarin, et de mettre ses places entre les mains de M. le prince, touchèrent le cœur de Mme de Châtillon au point d'accorder au maréchal les dernières faveurs. L'été se passa de cette sorte, pendant lequel l'abbé Foucquet, qui entrevoyait ce commerce, passait souvent de méchantes heures; et il eût fait en ce temps-là ce qu'il fit ensuite si les amants n'aimaient à se tromper eux-mêmes quand il s'agit de quitter ou de condamner leurs maîtresses.

L'hiver après, le duc de Candale, à son retour de Catalogne, fit mine d'être amoureux de Mme de Châtillon. L'abbé Foucquet, alarmé d'un si dangereux rival, le fit prier par Boligneux de cesser de l'être. M. de Candale, qui était alors véritablement amoureux de Mme d'Olonne, et qui ne s'était embarqué auprès de Mme de Châtillon que pour la faire servir de prétexte, accorda facilement à l'abbé Foucquet ce qu'il lui faisait demander. Mais, comme avec cette maîtresse les amants étaient comme une hydre dont on ne coupait point la tête qu'on n'en fît renaître une autre, Des Feuilles (La Feuillade) reprit la place du duc de Candale. L'abbé Foucquet, qui le connut aussitôt, parla lui-même assez fièrement à La Feuillade, lequel, soit qu'il crût que, son rival étant aimé, il échouerait dans son entreprise, soit que son amour naissant lui laissât toute sa prudence, jugea à propos de ne se point attirer sur les bras un homme si violent : il ne s'opiniâtra donc point dans cette passion. Le marquis Annibal (de Cœuvres) n'eut pas tant de complaisance dans la sienne que La Feuillade; il continua de voir Mme de Châtillon malgré l'abbé Foucquet; mais comme il n'avait ni assez de fortune ni assez de mérite pour lui toucher le cœur, elle ne fit que le conquêter et ne le conserva que pour échauffer l'abbé Foucquet, pour l'obliger à renouveler ses présents, et pour lui faire connaître qu'elle avait des gens de qualité dans ses intérêts qui ne souffriraient pas qu'on la maltraitât. Il fallut donc que l'abbé Foucquet endurât ce rival; mais il déchargea sa colère sur le pauvre Vineuil. Celui-ci était un des premiers amants de Mme de Châtillon, bien traité, homme de bon sens, et dont l'esprit était à craindre. L'abbé Foucquet fit entendre à Mazarin qu'il était dangereux de le laisser à Paris; de sorte que Mazarin, qui ne voyait alors que par les yeux de l'abbé Foucquet, fit donner une lettre de cachet à Vineuil pour aller à Tours jusqu'à nouvel ordre. Celui-ci, ne pouvant dire adieu à Mme de Châtillon, lui écrivit cette lettre du dernier octobre :

LETTRE

Quelque désir que vous m'ayez témoigné que je vous rendisse visite, j'ai cru, par le peu de plaisir que vous avez eu de la dernière, que je ferais beaucoup mieux de m'en abstenir, puisqu'aussi bien votre froideur m'ôte toute la joie que je recevais autrefois en vous voyant; car en vérité je suis persuadé que je ne dois prétendre aucune part en vos bonnes grâces ni en votre confiance; l'engagement où vous êtes est tel, qu'il ne souffre pas que vous regardiez rien hors de là et que vous êtes obligée de manquer à ce que vous devez par des obligations essentielles. Je crois même que vous me saurez meilleur gré de vous oublier tout à fait que de m'en souvenir en ce rencontre, et que vous approuveriez de bon cœur mon détachement de votre personne et de vos intérêts. Avec tout cela, madame, je ne veux pas que vous me perdiez, parce que je suis bien assuré que vous serez bien aise de retrouver un jour ce que vous méprisez à cette heure. Je me conserverai tout autant que le peut souffrir la connaissance de l'état présent où vous êtes, et l'amitié que je vous ai promise, laquelle ne peut dissimuler que tout le genre humain donne de furieuses atteintes à votre conduite, et que vous êtes devenue le sujet continuel de toutes les conversations du temps. On dépeint votre embarquement le plus bas et le plus abject où se soit jamais mise une personne de votre qualité; et on dit que votre ami exerce sur vous un empire tyrannique et sur tout ce que vous approchez; qu'il chasse tout ce qu'il lui plaît, et qu'il menace même ceux qu'il appréhende d'être ses rivaux, comme il fait

La Feuillade; et je passe sous silence des particularités de ses visites secrètes, qui sont assez connues. Pensez, madame, au préjudice que reçoit votre réputation de votre commerce et faites réflexion sur ce que vous êtes et sur ce qu'est celui qui vous ôte l'honneur; car le crédit et la considération qu'il vous attire vous sont fort peu honorables, et ce sont de faux jours qui rejaillissent sur vous plutôt pour vous offenser que pour vous éclairer. Ah! madame, si les pauvres défunts avaient tant soit peu de sentiment, ils gratteraient leurs tombeaux pour en sortir, et viendraient vous faire des reproches d'une si honteuse dépendance; mais je ne crois pas que vous soyez touchée de souvenir pour eux. Craignez les vivants, qui tôt ou tard seront illuminés sur votre conduite, et qui en feront sans doute le discernement nécessaire. Je ne vous représente pas toutes ces choses par un motif de jalousie; car je vous assure que je ne suis point frappé d'une passion si affligeante et si inutile que celle-là. Si je vous aimais avec emportement, je me déchaînerais en invectives, qui vous feraient des torts irréparables; et je me vengerais de ceux que vous me faites avec tant d'ingratitude. Si je ne vous aimais point du tout, je raillerais comme les autres; mais je me conserve à votre égard dans une médiocrité qui me cause une douleur muette de l'aveuglement de votre conduite, lequel enfin vous mènera dans les derniers précipices si vous ne pensez à vous, et que vous ne vous reteniez par prudence sans attendre les événements. Je prends demain la route de Touraine, et je vous dis adieu, madame. Si vous recevez bien les avis que je vous donne, je continuerai à vous aimer; si c'est mal, j'essayerai de me défaire du principe qui en est la cause : cependant je ne demande point de bons offices pour mes affaires, mais seulement que vous empêchiez que l'on ne m'en rende de mauvais, dont je vous serai obligé.

L'exil de Vineuil ne mit guère l'abbé Foucquet en repos plus qu'il n'était auparavant. Mme de Châtillon le faisait enrager à tout moment; mais ce qui l'inquiétait le plus était le commerce du maréchal de Monchy avec elle. Cela l'avait rendue si fière, qu'elle traitait souvent l'abbé Foucquet comme si elle ne l'eût pas connu; celui-ci voyait bien que c'était d'où venait sa fierté.

Dans ces entrefaites, le maréchal de Monchy, se trouvant pressé par Mme de Châtillon de lui tenir les paroles qu'il lui avait données et ne le voulant pas faire, fit avertir Mazarin de tout ce qu'il avait promis à Mme de Châtillon par un gentilhomme à lui qui paraissait le trahir, et en même temps fit donner le même avis à l'abbé Foucquet par Mme de Calvoisin, femme du gouverneur de Roye. Cette ruse eut tout l'effet que le maréchal en avait attendu : Mazarin en prit l'alarme, et, pour rompre une si dangereuse intrigue, fit négocier avec le maréchal de Monchy. L'abbé Foucquet, de son côté, que la Calvoisin avait averti, pria Mazarin de trouver bon qu'il fît arrêter Mme de Châtillon et la mît en un lieu où elle n'aurait de commerce avec personne, jusqu'à ce qu'il jugeât à propos de la remettre en liberté. Mazarin y ayant consenti, l'abbé Foucquet fit prendre Mme de Châtillon à Merlou et conduire avec une demoiselle à Paris, où il la fit entrer la nuit, et loger chez un nommé de Vaux, dans la rue de Poitou. Le lendemain qu'elle fut arrivée, l'abbé Foucquet tira un écrit d'elle, par ordre de Mazarin, au maréchal de Monchy, par lequel elle le priait de faire son accommodement avec le roi et de ne plus songer à M. le prince ni à elle, parce que cela la mettait en danger de sa vie; et, comme quelques jours avant qu'elle fût prise elle était demeurée d'accord avec le maréchal que, s'ils venaient à être arrêtés et qu'on exigeât d'eux des lettres contre les mesures qu'ils avaient prises ensemble, ils n'y ajouteraient point foi si elles n'étaient écrites d'un double cachet; elle ne le mit point dans cette lettre, mais bien dans une autre qu'elle écrivit en même temps au maréchal, par laquelle elle lui mandait de demeurer ferme dans la première résolution qu'il avait prise de servir M. le prince et de lui donner ses places. Le maréchal, qui n'en avait point eu d'intention, et qui ne l'avait promis à Mme de Châtillon que pour en avoir des faveurs, et pour arracher de Mazarin des grâces qu'il ne pouvait avoir sans se faire craindre, supprima la lettre d'intelligence, et envoya à M. le prince celle que l'abbé Foucquet avait fait écrire à Mme de Châtillon, par laquelle, connaissant qu'elle était en danger de sa vie, il lui manda de faire son traité avec la cour, pourvu qu'il tirât Mme de Châtillon de prison. Mazarin, qui croyait le maréchal tellement amoureux de Mme de Châtillon, qu'il donnerait tout ce qu'on lui demanderait pour la mettre en liberté, la lui voulut compter pour cent mille livres, sur les cent mille écus dont il était demeuré d'accord avec lui; mais le maréchal n'en voulut rien faire, et néanmoins, pour ne pas passer auprès d'elle pour un fourbe et garder toujours avec elle des mesures, il ne voulut pas mettre ses places entre les mains de Mazarin qu'il ne sût que la duchesse fût en liberté; de sorte que, pour le satisfaire là-dessus, on le trompa, et on envoya la duchesse chez les pères de l'Oratoire se faire voir à un gentilhomme qu'il avait envoyé exprès pour cela, avec qui elle était libre, et après quoi elle retourna dans sa prison, où elle fut encore huit jours.

Pendant les trois semaines qu'elle fut prisonnière dans la rue de Poitou, l'abbé Foucquet n'était pas si libre qu'elle, il se rengageait tous les jours de plus en plus; car, comme avec la liberté d'aller et venir il lui ôtait encore celle de le tromper, en l'empêchant de voir personne, il la trouvait mille fois plus aimable qu'auparavant.

D'ailleurs, la duchesse, qui voulait se remettre dans son estime pour se mettre en liberté, vivait d'une manière avec lui capable d'attendrir un barbare; avec mille complaisances et mille douceurs, qu'elle avait pour lui, elle lui témoignait une confiance si entière, qu'il ne pouvait s'empêcher de croire qu'elle ne voulait jamais dépendre que de lui.

Les choses étant en cet état, l'abbé Foucquet surprit

une lettre fort tendre que la duchesse écrivit au prince de Condé. Cela lui donna une si grande douleur qu'en lui faisant des reproches il se voulait empoisonner avec du vif-argent de derrière une glace de miroir; mais, commençant à se trouver mal, il perdit l'envie de mourir pour une infidèle et prit de la thériaque, qu'il portait d'ordinaire sur lui pour se garantir des ennemis que l'emploi qu'il s'était donné auprès de Mazarin lui donnait tous les jours.

Hormis d'aller de son mouvement où il lui plaisait, la duchesse passait fort agréablement le temps dans sa prison; l'abbé Foucquet lui faisait la plus grande chère du monde; il lui donnait tous les jours des présents très considérables en bijoux et en pierreries; il en sortait à deux heures après minuit, et il y rentrait à huit heures du matin; ainsi il était dix-huit heures de vingt-quatre avec elle.

Il n'était pas possible que Mazarin ne sût où était la duchesse, et cela est plaisant que ce grand homme, qui faisait le destin de l'Europe, fût de moitié d'un secret amoureux, avec l'abbé Foucquet, où il n'avait pas d'intérêt. Je crois que la raison qu'il avait d'approuver ce commerce c'était que, connaissant la duchesse intrigante, il aimait mieux qu'elle fût entre les mains de l'abbé Foucquet, dont il était plus assuré que d'un autre; et d'ailleurs, que, l'abbé la tenant en chambre et la déshonorant absolument par là, il était bien aise que le prince de Condé, son cousin et son amant, en reçût une mortification extraordinaire. Mais enfin, l'accommodement du maréchal de Monchy étant fait à condition que la duchesse sortirait de prison, il fallut la mettre en liberté. On l'envoya à Merlou, où il lui arriva, quelque temps après, la plus fâcheuse affaire du monde.

L'abbé Foucquet était convenu avec elle que, tous les samedis, ils se renverraient réciproquement les lettres qu'ils se seraient écrites pendant la semaine, et que ce serait lui qui les enverrait querir par un homme qui se dirait à Mlle de Vertus. Un jour que cet homme était à Merlou, il y arriva un laquais du maréchal de Monchy avec une lettre pour la duchesse, laquelle ayant fait ses réponses et les ayant données à une femme de chambre pour les rendre aux porteurs, celle-ci se méprit, et donna à l'homme de l'abbé Foucquet les réponses que sa maîtresse faisait au maréchal, et au laquais du maréchal le paquet destiné à l'abbé Foucquet. On peut juger dans quelles alarmes fut la duchesse sitôt qu'elle sut l'équivoque, et particulièrement quand on saura que, dans la lettre qu'elle écrivait à l'abbé Foucquet, outre mille douceurs, il y avait encore un grand chapitre contre Mme de Giber (Brégy), qu'elle haïssait, parce qu'elle avait naturellement ces traits du corps et de l'esprit que la duchesse n'avait que par artifice. Il est certain que celle-ci l'avait toujours enviée et ne lui avait jamais pu pardonner son mérite. Dans un autre endroit, elle taillait en pièces mylord Montaigu et faisait presque partout des plaisanteries du maréchal les plus piquantes du monde. Quand elle songeait encore aux lettres de l'abbé Foucquet qu'elle lui envoyait, dans lesquelles il y avait des tendresses et des emportements d'amour qui pouvaient être bons à une maîtresse, mais qui paraissaient d'ordinaire fort ridicules aux personnes indifférentes, et que cela était entre les mains d'un rival glorieux et moqué, elle était au désespoir. L'abbé Foucquet, d'un autre côté, ne passait pas mieux son temps. Pour le maréchal, sitôt qu'il eut vu toutes les lettres de l'abbé Foucquet et celles que lui écrivait la duchesse, il jugea qu'il pouvait être obligé un jour de les lui rendre par sa fragilité auprès d'elle ou par la prière de ses amis, de sorte que, pour se mettre en état de se venger d'elle quand il lui plairait, il les fit toutes copier, et puis alla montrer les originaux au duc de La Rochefoucauld et à Mme de Puisieux, qu'il savait être ennemie de la duchesse. Après que l'abbé Foucquet eut été une nuit à Merlou, il revint à Paris chez le maréchal, auquel il demanda ses lettres. Le maréchal ne se contenta pas de les lui refuser, mais il y ajouta toute la raillerie à la manière dont il put s'aviser. Pendant que le maréchal se réjouissait, il tenait ouverte la lettre de la duchesse à l'abbé; celui-ci, qui aimait presque autant se faire tuer que laisser sa maîtresse à la discrétion de son rival, se jeta dessus; il en déchira la moitié, qu'il alla faire voir à la duchesse, lui disant que le maréchal avait brûlé l'autre. Cependant le maréchal, en colère de l'entreprise de l'abbé, lui dit qu'il sortît promptement de chez lui et que, si quelque considération ne le tenait, il le ferait jeter par les fenêtres.

Quelque temps après, la duchesse étant revenue à Paris, crut que, pour désabuser le public de mille particularités que le maréchal avait dites d'elle, il fallait qu'elle fît voir à des gens de mérite et de vertu de quelle manière elle le traitait. Elle choisit pour cela la maison du grand-prévôt de France (Jean du Bouchet), auprès de qui et de sa femme elle voulait particulièrement se justifier.

Le rendez-vous étant pris avec le maréchal, celui-ci s'aperçut de son dessein. « Dieu te garde, ma pauvre enfant, lui dit-il, en l'abordant; comment se portent mes petites fesses ? sont-elles toujours bien maigres ? » On ne saurait comprendre l'état où fut la duchesse à ce discours; ce lui fut un coup de massue sur la tête; il ne laissa pas de lui venir en pensée de traiter le maréchal de fou et d'insolent; mais elle crut qu'ayant débuté comme il avait fait il entrerait dans un détail le plus honteux du monde pour elle si elle le fâchait tant soit peu. Le grand-prévôt et sa femme se regardaient l'un l'autre, et, se tournant vers la duchesse, lui trouvaient les yeux baissés. Véritablement elle ne changeait pas de couleur, mais ceux qui la connaissaient ne la croyaient pas moins embarrassée. Enfin le grand-prévôt prenant la parole : « Vous avez tort, dit-il, monsieur le maréchal; les braves hommes ne doivent jamais rompre en visière aux dames; on leur doit savoir gré du présent qu'elles font de leur cœur; il ne les faut pas offenser quand elles le refusent. — J'en conviens, dit le maréchal; mais, quand leur cœur une fois est donné, si elles changent après cela, il faut qu'elles aient de grands ménagements pour ceux qu'elles ont aimés, et, quand elles font des railleries d'eux, elles s'exposent à de grands déplaisirs. Vous m'entendez bien, madame ? ajouta-t-il se tournant vers la duchesse; je suis assuré que vous croyez bien que j'ai raison; mais vous me surprenez par votre embarras; vous devriez être faite à la fatigue depuis que vous faites de méchants tours aux gens qui s'en vengent; je vous avoue que je n'eusse pas cru que vous eussiez tant de honte que vous en avez. » Et, en achevant ce discours, il sortit et laissa la duchesse plus morte que vive. Le grand-prévôt et sa femme essayèrent de la remettre en disant que ce qu'avait dit le maréchal n'avait fait aucune impression sur leur esprit; cependant depuis ce jour-là ils n'eurent pas grand commerce avec elle.

Quinze jours après, l'abbé Foucquet fut obligé d'aller à la cour, qui était à Compiègne; la duchesse, qui prévoyait le retour en France du prince de Condé par la paix générale dont on parlait fort, et qui ne voulait pas qu'il la trouvât dans un attachement si honteux pour elle, et qui d'ailleurs lui était fort à charge, résolut de le rompre de manière qu'il n'en restât aucun vestige. Dans ce dessein, elle s'en alla au logis de l'abbé Foucquet, où, ayant trouvé celui de ses gens en qui elle avait le plus de confiance, elle lui demanda les clefs du cabinet de son maître, lui disant qu'elle voulait lui écrire : ce garçon, sans pénétrer plus avant et ne regardant que la passion de l'abbé Foucquet pour la duchesse, lui donna tout aussitôt ce qu'elle demandait. Comme elle se vit seule, elle rompit la serrure de la cassette, où elle savait qu'il gardait ses lettres, et non seulement les prit toutes, mais encore d'autres du prince de Condé, qu'elle lui avait sacrifiées, et les alla brûler chez la femme du grand-prévôt. L'abbé Foucquet, ayant trouvé à son retour ce fracas chez lui, s'en alla chez la duchesse et commença par la menacer de lui couper le nez; ensuite il cassa un chandelier de cristal et un grand miroir qu'il lui avait donné, et sortit après lui avoir dit mille injures. Pendant tout ce vacarme, une femme de chambre de la duchesse, qui crut que l'abbé Foucquet reprendrait tout ce qu'il avait donné, se saisit de la cassette de pierreries de sa maîtresse et l'alla porter chez la femme du grand-prévôt, où le soir même la duchesse l'envoya reprendre pour la donner en garde à une dévote, parente de sa mère. L'abbé Foucquet, qui en fut averti le lendemain, alla chez cette dévote enlever de force la cassette. La duchesse, ayant appris la perte qu'elle faisait, fut au désespoir; mais elle ne perdit pas le jugement : elle employa auprès de l'abbé Foucquet des gens qui avaient tant de crédit auprès de lui, qu'il rendit la cassette, et, dans cette restitution, ils se raccommodèrent aussi bien qu'ils avaient jamais été; et cette réconciliation fut si prompte, que, Mme de Bouteville étant venue le lendemain consoler la duchesse, sa fille, de l'accident qui lui était arrivé, l'abbé Foucquet était déjà avec elle, qui se cacha dans un cabinet pendant cette visite, d'où il entendit toute la comédie.

Quelque temps après, la duchesse ne voulut pas se donner toujours la peine de cacher qu'elle revoyait l'abbé Foucquet et crut que, leur querelle ayant fait du bruit, il fallait que leur accommodement fût public : elle se fit donc presser par tous ses amis, à la sollicitation de l'abbé Foucquet, de lui vouloir pardonner, et enfin, en ayant fait une affaire de conscience, la mère supérieure du couvent de la Miséricorde, femme sujette aux visions béatifiques, les fit parler et embrasser ensemble. Cette entremise décrédita un peu la révérende mère auprès de la reine et du cardinal. Ils ne crurent pas qu'elle eût un commerce si particulier avec Dieu, puisqu'elle se laissait tromper si facilement par les hommes.

Cependant cette réconciliation ne dura que six mois, le retour en France de Condé, qui s'avançait tous les jours, fit appréhender à la duchesse qu'il la trouvât encore sous la domination de l'abbé Foucquet; et Mmes de St-C*** (Saint-Chaumont) et de F*** (de Feuquières), ses cousines, et ses bonnes amies, lui firent tant de honte, qu'elle rompit avec lui sous prétexte de dévotion. Il fut fort difficile à l'abbé Foucquet de consentir au dessein de la duchesse : dans un autre temps, il ne l'aurait pas fait; mais, voyant son crédit auprès de Mazarin fort diminué et craignant que le prince de Condé, qui le haïssait d'ailleurs, et M. de Bouteville, qui voudrait venger la honte qu'il avait faite à sa maison, ne le fissent tuer s'il donnait à la duchesse le moindre sujet nouveau de plainte, il cessa de la voir et ne cessa pas de l'aimer.

FIN DE L'HISTOIRE
DE
MADAME D'OLONNE

Dans ce temps-là, Mme d'Olonne était allée, comme j'ai dit, prier la comtesse de Fiesque de remercier, de sa part, l'abbé Foucquet de quelque prétendue obligation, qui proprement n'était rien, mais elle voulait faire faire des réflexions à l'abbé Foucquet sur ce compliment, et lui faire comprendre que, quand on remerciait les gens de si peu de chose, on leur voulait avoir de plus grandes obligations. Le même jour que Mme d'Olonne vit la comtesse, elle trouva l'abbé Foucquet chez Mme de Bonnelle, et là elle lui fit elle-même son compliment. L'abbé Foucquet, qui était bien aise de se faire une affaire avec Mme d'Olonne pour essayer de se guérir de la passion qui lui restait encore pour Mme de Châtillon, répondit à ses civilités le plus obligeamment qu'il put; et le lendemain, la comtesse l'ayant envoyé querir et lui disant ce que Mme d'Olonne l'avait priée de lui dire : « J'en sais plus que vous, madame, lui dit-il, et je reçus hier soir d'elle-même des marques de sa reconnaissance : mais je voudrais bien savoir de vous une chose, ajouta-t-il, si de Guiche n'est point amoureux de Mme d'Olonne; car, cela étant, je veux éviter l'occasion de le devenir : il a eu tant d'égard pour moi en tout rencontre, que je serais ridicule d'en user mal avec lui. — Non, lui dit la comtesse : au moins, Mme d'Olonne et lui m'ont dit chacun en leur particulier qu'ils ne songeaient point l'un à l'autre. — Cela étant, répliqua l'abbé Foucquet, je vous supplie madame, de mander à Mme d'Olonne que, sur ce que vous m'avez dit de sa part, je vous ai paru si transporté de joie de voir comment elle recevait ce que je faisais pour elle, que vous ne doutez pas que je ne devienne furieusement amoureux. Et là-dessus, madame, demandez-lui, je vous prie, ce qu'elle ferait si cela était. » La comtesse le lui ayant promis, l'abbé Foucquet sortit; et le lendemain Mme d'Olonne, ayant reçu un billet de la comtesse, y fit cette réponse :

BILLET

Vous me demandez ce que je ferais si l'abbé Foucquet était fort amoureux de moi. Je n'ai garde de vous le dire mais il me plaît toujours autant qu'il me plut avant-hier. Adieu, la Castillane.

Le chevalier de Gramont, étant arrivé chez la comtesse un moment après qu'elle eut reçu ce billet, la trouva au lit; et, voyant un papier qui n'était qu'à moitié sous son chevet, il le prit. La comtesse lui ayant redemandé ce papier, le chevalier lui en rendit un autre à peu près de la même grandeur. Les gens qui étaient chez la comtesse l'occupaient si fort, qu'elle ne s'aperçut pas de la tromperie du chevalier, lequel sortit presque aussitôt qu'il l'eut faite. Comme il vit ce que c'était, il ne faut pas demander s'il eut de la joie d'avoir en main quelque chose qui pût nuire à Mme d'Olonne et faire enrager de Guiche. Il se souvenait d'avoir été sacrifié à Marsillac, et des inquiétudes que son neveu lui avait données sur le sujet de la comtesse, et il était bien aise que l'abbé Foucquet le tourmentât à son tour. Le bruit qu'il fit de cette lettre eut tout l'effet qu'il pouvait souhaiter; de Guiche eut l'alarme et consulta Vineuil; ils résolurent ensemble qu'il en parlerait lui-même à l'abbé Foucquet, et cependant il écrivit cette lettre à Mme d'Olonne.

LETTRE

Vous me désespérez, madame, mais je vous aime trop pour m'emporter contre vous; peut-être que cette manière vous touchera plus le cœur que les reproches. Cependant il faut que mon ressentiment tombe sur quelqu'un; et je ne vois personne qui se le soit mieux attiré que la comtesse. C'est elle assurément qui a embarqué l'abbé Foucquet à songer à vous; elle est au désespoir que je l'aie quittée. Pour me faire retourner à elle ou pour se venger de mon changement, elle me veut donner un rival qui me chasse, ou qui me dégoûte de vous aimer. Je ne pense pas qu'elle réussisse à l'un ni à l'autre; mais je ne laisse pas de lui savoir le même gré que si l'un et l'autre était arrivé. Aussi se doit-il attendre que je n'aurai plus d'égard pour elle, et qu'il n'y a rien au monde que je ne fasse pour m'en venger.

Mme d'Olonne, qui n'était pas si assurée du comte de Guiche qu'elle n'appréhendât que la comtesse le pût reprendre, les voulut brouiller au point qu'il ne pût pas y avoir apparemment de réconciliation entre eux, et, pour cet effet, elle n'eut pas plutôt reçu cette lettre, qu'elle l'envoya à la comtesse. Celle-ci enragée contre de Guiche, manda à Vineuil de la venir trouver. « Je vous ai envoyé querir pour vous dire que votre ami est un fou et un impertinent avec qui je ne veux plus avoir de commerce. Voyez la lettre qu'il vient d'écrire à Mme d'Olonne; il se plaint que je pousse l'abbé Foucquet à s'embarquer avec sa maîtresse, et ne se souvient pas qu'il m'a dit qu'il ne songeait plus à elle. — Je vous demande pardon pour lui, répondit Vineuil; excusez un pauvre amant qui, parce que l'on lui veut ôter sa maîtresse, ne sait plus ce qu'il fait ni à qui s'en prendre; sitôt que je l'aurai fait revenir à lui, il viendra se jeter à vos pieds. » Après quelques autres discours, Vineuil sortit, et, une heure après, rentra, avec de Guiche, qui dit tant de choses à la comtesse, qu'elle lui promit de ne se souvenir plus de sa brutalité. Le lendemain, de Guiche, qui avait résolu de parler à l'abbé Foucquet, l'alla trouver, et l'ayant tiré à part : « Si nous avions tous deux commencé en même temps, lui dit-il, d'être amoureux de Mme d'Olonne, il serait ridicule de trouver étrange que vous me la disputassiez; aussi ne le ferais-je pas, et je la laisserais décider elle-même par ses faveurs de la bonne fortune de l'un ou de l'autre; mais que vous me veniez troubler dans une affaire où je suis engagé longtemps avant vous, vous voulez bien que je vous dise que cela n'est pas honnête, et que je vous prie de me laisser en repos, auprès de ma maîtresse, sans me donner d'autres chagrins que ceux qui me viennent de ses rigueurs. — Je suis ami de Mme d'Olonne, répondit l'abbé Foucquet, et rien autre chose; ainsi vous n'avez pas sujet de vous plaindre de moi; si je croyais pourtant que le discours que vous me venez de faire eût été conseillé par des gens qui me voulussent faire des affaires, je vous déclare que je deviendrais votre rival dès aujourd'hui. Je sais bien pourquoi je vous parle ainsi, et vous me pouvez bien entendre. » L'abbé Foucquet prétendait parler de Vardes, son ennemi mortel, et ami du comte de Guiche. « Non, répondit de Guiche, je ne vous entends point; mais ce que j'ai à vous dire, c'est que la jalousie m'a conseillé de vous venir prier de ne m'en donner plus. » L'abbé Foucquet le lui ayant promis, ils se séparèrent les meilleurs amis du monde. Quelque temps après, celui-ci trouvant Mme d'Olonne en une visite, elle le tira en particulier pour lui faire des confidences de bagatelles; l'abbé Foucquet aussi, ne sachant que lui dire, lui conta l'éclaircissement du comte de Guiche et de lui. « Je suis bien aise, lui dit-elle, de voir que vous autres, messieurs, disposiez de moi comme de votre bien : me voilà donc maintenant à de Guiche, puisque vous lui avez fait votre déclaration que vous ne prétendiez rien à moi. — Ah! madame, répondit l'abbé Foucquet, je ne vous donne à personne : si j'étais en pouvoir de le faire, comme je m'aime mieux que qui que ce soit, je vous garderais pour moi; mais, sur le soupçon qu'a de Guiche que j'ai de l'amour pour vous, je lui déclare que je n'y songe pas, et cela entre vous et moi, madame, parce que je me défie de ma bonne fortune; car... — Non, non, interrompit Mme d'Olonne, n'achevez pas, monsieur, de me parler contre votre pensée; vous savez bien que vous n'êtes pas si malheureux que vous dites. » L'abbé Foucquet se trouvant si pressé, ne put s'empêcher de lui répondre qu'elle le savait mieux que lui; que, pouvant faire la fortune des rois mêmes, il croyait la sienne faite si elle l'en assurait; et qu'au reste les paroles qu'il avait données à de Guiche ne l'empêcheraient pas de l'aimer quand il verrait quelque apparence d'être aimé. Cette conversation finit par tant de douceurs de la part de Mme d'Olonne, que l'abbé Foucquet oublia qu'il aimait encore Mme de Châtillon; de sorte qu'il se résolut de s'embarquer sans inclination avec Mme d'Olonne; il crut qu'en intéressant le corps par les plaisirs il pourrait détacher l'esprit dont les intérêts sont si mêlés. En effet, Mme d'Olonne à qui le temps était fort cher, ne laissa pas languir l'abbé Foucquet; mais, comme leur intelligence ne put durer longtemps sans que de Guiche s'en aperçût, celui-ci alla chez elle pour lui en faire des plaintes. Comme il fut à la porte de sa chambre, il ouït qu'on faisait quelque bruit; cela l'obligea d'écouter ce que c'était. Il entendit Mme d'Olonne qui disait mille douceurs à quelqu'un. Sa curiosité redoublant, il regarda par le trou de la serrure, et vit sa maîtresse faisant des caresses à son mari aussi tendres qu'à un amant; cela ne lui donna pas moins d'indignation que de mépris pour elle; il s'en retourna brusquement à son logis, où, ayant pris de l'encre et du papier, il écrivit ceci à Vineuil :

LETTRE

Vous ne savez pas un nouvel amant de Mme d'Olonne que j'ai découvert; mais quel nouvel amant, bon Dieu! un amant bien traité, un rival domestique. Il n'y a plus moyen de le souffrir : c'est M. d'Olonne que je viens de surprendre sur les genoux de sa femme, qui recevait mille caresses de cette infidèle.

Je penserais n'être pas malheureux,
Si la beauté dont je suis amoureux
Pouvait enfin se tenir satisfaite
De mille amants avec un favori;
  Mais j'enrage que la coquette
  Aime encor jusqu'à son mari.

Car enfin, mon cher, il n'est pas mari; il a toutes les douceurs des amants; il reçoit d'autres caresses que celles que fait faire le devoir, et il les reçoit de jour, qui n'a jamais été que le temps des amants.

Le lendemain, de Guiche, étant retourné chez Mme d'Olonne, laissa pour une autre fois les reproches qu'il avait à faire sur son mari, et ne voulut pour ce coup parler que de l'abbé Foucquet. Mme d'Olonne, qui était remplie de considération quand il fallait perdre un amant, non pas tant pour la crainte de son dépit que parce qu'elle en notait le nombre, dit à de Guiche qu'il était le maître de sa conduite, qu'il pouvait lui prescrire telle manière de vie qu'il lui plaisait. Que, si l'abbé Foucquet lui donnait de l'ombrage, non seulement elle ne le verrait plus, mais qu'il serait témoin, s'il voulait, de quel air elle lui parlerait. De Guiche, qui n'eût jamais osé lui demander un aussi grand sacrifice, accepta les offres qu'elle lui en fit : le rendez-vous se prit chez Craf pour le lendemain, où Mme d'Olonne, seule avec de Guiche et l'abbé Foucquet, parla ainsi à ce dernier, après avoir tout concerté la veille : « Je vous ai prié, monsieur, de vous trouver ici pour vous dire, en présence de

M. le comte de Guiche, que je n'aime et que je ne puis jamais aimer personne que lui : nous avons tous deux été bien aise que vous le sussiez, afin que vous n'en prétendiez cause d'ignorance. Ce n'est pas, je l'avoue, que vous ayez pris jusqu'ici d'autre parti avec moi que celui d'ami; mais, comme vous n'y entendez pas finesse, peut-être que vous n'avez pas pris garde que vos visites étaient un peu fréquentes, et vous savez que cela ne plaît pas d'ordinaire à un homme aussi amoureux que l'est M. le comte, quelque confiance qu'il ait en sa maîtresse. Pour moi, je ne veux songer toute ma vie qu'à lui plaire : je vous ai voulu faire cette déclaration, afin que sans y penser vous ne vous fissiez point de méchantes affaires. Soyez mon ami, j'en serai ravie; mais le moins que nous pourrons avoir de commerce ensemble ce sera le meilleur. — Oui, madame, je vous le promets, lui dit l'abbé Foucquet; j'entre fort dans les sentiments de M. le comte de Guiche, et j'ai passé par tous les degrés de la jalousie; ce n'est pas d'aujourd'hui que nous avons traité ce chapitre, lui et moi. Je sais bien ce que je lui ai promis, et je l'assure que je n'y ai pas contrevenu. — Il est vrai, interrompit le comte, que je ne saurais me plaindre de vous : mais madame a fort bien dit que, comme vous n'aviez aucun dessein, peut-être vous n'avez cru rien faire contre ce que vous m'avez promis, et les apparences seulement ont été contre vous. — Eh bien, lui répliqua l'abbé Foucquet, à cela ne tienne que vous soyez heureux; je vous donne parole de ne voir madame de dessein qu'une fois le mois; car, pour les rencontres, je n'en puis répondre, mais c'est à vous à prendre vos sûretés pour cela. »

Après mille civilités de part et d'autre, ils se séparèrent.

On s'étonnera peut-être que l'abbé Foucquet souffrît si impatiemment ses rivaux auprès de Mme de Châtillon et fût si traitable avec Mme d'Olonne; mais la raison est qu'avec la première il y avait de l'amour, et avec l'autre rien que de la débauche, et que le corps peut souffrir des associés, mais jamais le cœur.

Quelque temps après, le comte d'Olonne, averti de la mauvaise conduite de sa femme, résolut de l'envoyer à la campagne, tant pour l'empêcher de faire de nouvelles sottises que pour faire cesser les bruits que sa présence renouvelait tous les jours : en effet, sitôt qu'elle fut partie, on ne se souvint plus d'elle; et mille autres copies de Mme d'Olonne, dont Paris est tout plein, firent en peu de temps oublier ce grand original.

Il arriva même une affaire qui, sans être de la nature de celles de Mme d'Olonne, ne laissa pas de les étouffer pour un temps.

Le comte de Marcel (duc de Vivonne), premier gentilhomme de la chambre du roi, et pour qui naturellement Sa Majesté avait de l'inclination, s'étant retiré à une maison qu'il avait près de Paris, pour passer les fêtes de Pâques avec ses deux amis, l'abbé Le Camus et Mancini, celui-ci neveu de Mazarin, et l'autre un des aumôniers du roi, et y ayant passé trois ou quatre jours, sinon dans une grande dévotion, au moins dans des plaisirs fort innocents, de Guiche et Manicamp, qui s'ennuyaient à Paris, les allèrent trouver. Sitôt que l'abbé Le Camus les vit, les connaissant fort emportés, il persuada à Mancini de retourner à Paris, et que, dès le lendemain, on dirait dans le monde qu'il s'était passé entre eux d'étranges choses; et, comme Mancini, dès le soir même, témoigna ce dessein, Manicamp et de Guiche proposèrent au duc de Vivonne de prier Bussy de venir passer deux ou trois jours avec eux, lui disant que celui-là pouvait bien remplacer les deux autres. Vivonne, en étant demeuré d'accord, écrivit à Bussy, au nom de tous, qu'il était prié de quitter pour quelque temps le tracas du monde pour venir avec eux vaquer avec moins de distraction aux pensées de l'éternité. Avant que de passer outre, il est à propos de faire voir ce que c'était que Vivonne et Bussy.

Le premier avait de gros yeux bleus à fleur de tête, dont les prunelles, qui étaient souvent à demi cachées sous les paupières, lui faisaient des regards languissants contre son intention; il avait le nez bien fait, la bouche petite et relevée, le teint beau, les cheveux blond doré et en quantité; véritablement, il avait un peu trop d'embonpoint; il avait l'esprit vif et imaginait bien; mais il songeait trop à être plaisant; il aimait à dire des équivoques et des mots de double sens; et, pour se faire plus admirer, il les faisait souvent au logis et les débitait comme des impromptus dans les compagnies où il allait; il s'attachait fort vite d'amitié aux gens, sans aucun discernement, soit qu'il leur trouvât du mérite ou non; il s'en lassait encore plus vite. Ce qui faisait un peu plus durer son inclination, c'était la flatterie; mais qui ne l'eût point admiré eût eu beau être admirable, il n'en eût pas fait grande estime. Comme il croyait qu'une marque de bon esprit était la délicatesse pour tous les ouvrages, il ne trouvait rien à son gré de tout ce qu'il voyait, et d'ordinaire il en jugeait sans connaissance et sans fondement; enfin il était tellement aveuglé de son propre mérite, qu'il n'en voyait point en autrui, et, pour parler en turlupin comme lui, il avait beaucoup de suffisance et beaucoup d'insuffisance à la fois; il était hardi à la guerre et timide en amour; cependant, qui l'eût voulu croire, il avait mis à mal toutes les femmes qu'il avait entreprises; et la vérité est qu'il avait échoué auprès de certaines dames qui jusque-là n'avaient refusé personne.

Roger de Rabutin, comte de Bussy, maître de camp de la cavalerie légère, avait les yeux grands et doux, la bouche bien faite, le nez grand, tirant sur l'aquilin, et le front avancé, le visage ouvert, la physionomie heureuse, les cheveux blonds, déliés et clairs; il avait dans l'esprit de la délicatesse et de la force, de la gaieté et de l'enjouement; il parlait bien; il écrivait juste et agréablement; il était né doux, mais les envieux que lui avait faits son mérite l'avaient aigri; en sorte qu'il se réjouissait volontiers avec ses amis aux dépens des gens qu'il n'aimait pas; il était bon ami et régulier; il était brave sans ostentation; il aimait les plaisirs plus que la fortune, mais il aimait la gloire plus que les plaisirs; il était galant avec toutes les dames, et fort civil; et la familiarité qu'il avait avec ses meilleures amies ne lui faisait jamais manquer au respect qu'il leur devait. Cette manière d'agir faisait juger qu'il avait de l'amour pour elles, et il est certain qu'il en entrait toujours un peu dans toutes les grandes amitiés qu'il avait. Il avait bien servi à la guerre et fort longtemps; mais comme de son siècle ce n'était pas assez, pour parvenir à de grands honneurs, que d'avoir de la naissance, de l'esprit, des services et du courage, avec toutes ces qualités il était demeuré à moitié chemin de sa fortune, à cause qu'il n'avait pas eu la bassesse de flatter les gens en qui Mazarin, souverain dispensateur des grâces, avait créance, ou qu'il n'avait pas été en état de les lui arracher, en lui faisant peur, comme avaient fait la plupart des maréchaux de son temps.

Bussy donc, ayant reçu ce billet de Vivonne, monta à cheval aussitôt, et l'alla trouver; il rencontra ses amis fort disposés à se réjouir, et lui, qui d'ordinaire ne troublait point les fêtes, fit que la joie fut tout à fait complète. En les abordant : « Je suis bien aise mes amis, dit-il, de vous trouver détachés du monde comme vous êtes; il faut des grâces particulières de Dieu pour faire son salut dans les embarras des cours, l'ambition, l'envie, la médisance, l'amour et mille autres passions y portent ordinairement les gens les mieux nés à des crimes dont ils sont incapables dans des retraites comme celle-ci. Sauvons-nous donc ensemble, mes amis : et, comme, pour être agréable à Dieu, il n'est pas nécessaire de pleurer ni de mourir de faim, rions, mes chers, et faisons bonne chère.» Ce sentiment-là étant généralement approuvé, on se prépara pour la chasse l'après-dînée, et l'on mit ordre d'avoir des concerts d'instruments pour le lendemain. Après avoir couru quatre ou cinq heures, ces messieurs vinrent, affamés, faire le plus grand repas du monde. Le souper étant fini, qui avait duré trois heures, pendant lesquelles la compagnie avait été dans cette gaieté qui accompagne toujours la bonne conscience, on fit amener des chevaux pour se promener dans le parc. Ce fut là que ces quatre amis, se trouvant en liberté, pour s'encourager à mépriser davantage le monde, proposèrent de médire de tout le genre humain; mais, un moment après, la réflexion fit dire à Bussy qu'il fallait excepter leurs bons amis de cette proscription générale. Cet avis ayant été approuvé, chacun demanda au reste de l'assemblée quartier pour ce qu'il aimait : cela étant fait, et le signal donné pour le mépris des choses d'ici-bas, ces bonnes âmes commencèrent un cantique où tout fut compris, à la réserve des amis de ces quatre messieurs; mais, comme le nombre en était petit, le cantique fut grand, tel que, pour ne rien oublier, il faudrait pour lui seul faire un volume. Une partie de la nuit s'étant passée en ces plaisirs champêtres, on résolut de s'en aller reposer; chacun donc se quitta fort satisfait de voir le progrès que l'on commençait de faire dans sa dévotion. Le lendemain, Vivonne et Bussy, s'étant levés plus matin que les autres, allèrent dans la chambre de Manicamp; mais, ne l'ayant pas trouvé, et le croyant dans le parc à la promenade, ils allèrent dans la chambre du comte de Guiche, avec qui ils le trouvèrent couché. « Vous voyez, mes amis, leur dit Manicamp, que je tâche de profiter des choses que vous dîtes hier touchant le mépris du monde; j'ai déjà gagné sur moi d'en mépriser la moitié, et j'espère que dans peu de temps je ne ferai pas grand cas de l'autre. — Souvent on arrive à même fin par différentes voies, répondit Bussy; pour moi, je ne condamne point vos manières, chacun se sauve à sa guise; mais je n'irai point à la béatitude par le chemin que vous tenez. — Je m'étonne, dit Manicamp, que vous parliez comme vous le faites, et que Mme de Cheneville (Sévigné) ne vous ait pas converti. — Mais, à propos de Mme de Sévigné, dit Vivonne, je vous prie de nous dire pourquoi vous rompîtes avec elle, car on en parle bien différemment : les uns disent que vous étiez jaloux de Jérémie (le comte du Lude), et les autres que vous la sacrifiâtes à Mme de Montglas; et personne n'a cru, comme vous l'aviez dit tous deux, que ce fût une raison d'intérêt. — Quand je vous aurai fait voir, répliqua Bussy, qu'il y a six ans que j'aime Mme de Montglas, vous croirez bien qu'il n'entrait point d'amour dans la rupture qui se fit l'année passée entre Mme de Sévigné et moi. — Ah! mon cher, interrompit Vivonne, que nous vous serions obligés si vous vouliez prendre la peine de nous conter une histoire amoureuse! Mais, auparavant, dites-nous, s'il vous plaît, ce que c'est que madame de Sévigné; car je n'ai jamais vu deux personnes s'accorder sur son sujet. — C'est la définir en peu de mots que ce que vous dites là, répondit Bussy; on ne s'accorde point sur son sujet, parce qu'elle est inégale, et qu'une seule personne n'est pas assez longtemps bien avec elle pour remarquer le changement de son humeur; mais moi, qui l'ai toujours vue dès son enfance, je vous en veux faire un fidèle rapport. »

HISTOIRE
DE
MADAME DE CHENEVILLE

(MADAME DE SÉVIGNÉ)

Mme de Sévigné, continua-t-il, a d'ordinaire le plus beau teint du monde, les yeux petits et brillants, la bouche plate, mais de belle couleur; le front avancé, le nez semblable à soi, ni long ni petit, carré par le bout, la mâchoire comme le bout du nez; et tout cela, qui en détail n'est pas beau, est, à tout prendre assez agréable; elle a la taille belle, sans avoir bon air; elle a la jambe bien faite, la gorge, les bras et les mains mal taillés; elle a les cheveux blonds, déliés et épais; elle a bien dansé, et a l'oreille encore juste; elle a la voix agréable, elle sait un peu chanter : voilà, pour le dehors, à peu près comme elle est faite. Il n'y a point de femme qui ait plus d'esprit qu'elle, et fort peu qui en aient autant; sa manière est divertissante : il y en a qui disent que, pour une femme de qualité, son caractère est un peu trop badin. Du temps que je la voyais, je trouvais ce jugement-là ridicule, et je sauvais son burlesque sous le nom de gaieté : aujourd'hui qu'en ne la voyant plus son grand feu ne m'éblouit pas, je demeure d'accord qu'elle veut être trop plaisante. Si on a de l'esprit, et particulièrement de cette sorte d'esprit, qui est enjoué, on n'a qu'à la voir, on ne perd rien avec elle : elle vous entend, elle entre juste en tout ce que vous dites, elle vous devine, et vous mène d'ordinaire bien plus loin que vous ne pensez aller; quelquefois aussi on lui fait voir bien du pays; la chaleur de la plaisanterie l'emporte, et, en cet état, elle reçoit avec joie tout ce qu'on lui veut dire de libre, pourvu qu'il soit enveloppé; elle y répond même avec usure, et croit qu'il irait du sien si elle n'allait pas au-delà de ce qu'on lui a dit. Avec tant de feu, il n'est pas étrange que le discernement soit médiocre : ces deux choses étant d'ordinaire incompatibles, la nature ne peut faire de miracle en sa faveur. Un sot éveillé l'emportera toujours auprès d'elle sur un honnête homme sérieux. La gaieté des gens la préoccupe; elle ne jugera pas si l'on entend ce qu'elle dit : la plus grande marque d'esprit qu'on lui peut donner, c'est d'avoir de l'admiration pour elle; elle aime l'encens; elle aime d'être aimée, et, pour cela, elle sème afin de recueillir; elle donne de la louange pour en recevoir. Elle aime généralement tous les hommes; quelque âge, quelque naissance et quelque mérite qu'ils aient, et de quelque profession qu'ils soient; tout lui est bon, depuis le manteau royal jusqu'à la soutane, depuis le sceptre jusqu'à l'écritoire. Entre les hommes, elle aime mieux un amant qu'un ami; et, parmi les amants, les gais que les tristes; les mélancoliques flattent sa vanité; les éveillés, son inclination; elle se divertit avec ceux-ci, et se flatte de l'opinion qu'elle a bien du mérite d'avoir pu causer de la langueur à ceux-là.

Elle est d'un tempérament froid, au moins si on en croit feu son mari : aussi lui avait-il l'obligation de sa vertu, comme il disait; toute sa chaleur est à l'esprit.

A la vérité, elle récompense bien la froideur de son tempérament. Si l'on s'en rapporte à ses actions, je crois que la foi conjugale n'a point été violée : si l'on regarde l'intention c'est une autre chose. Pour en parler franchement, je crois que son mari s'est tiré d'affaire devant les hommes, mais je le tiens un sot devant Dieu. Cette belle, qui veut être à tous les plaisirs, a trouvé un moyen sûr, à ce qu'il lui semble, pour se réjouir sans qu'il en coûte rien à sa réputation : elle s'est faite amie de quatre ou cinq prudes, avec lesquelles elle va en tous les lieux du monde. Elle ne regarde pas tant ce qu'elle fait qu'avec qui elle est : en ce faisant, elle se persuade que la compagnie honnête rectifie toutes ses actions; et, pour moi, je pense que l'heure du berger, qui ne se rencontre d'ordinaire que tête à tête avec toutes les femmes, se trouverait plutôt, avec celle-ci, au milieu de sa famille. Quelquefois elle refuse hautement une partie de promenade publique pour s'établir, à l'égard du monde, dans une opinion de grande régularité; et, quelque temps après, croyant marcher à couvert sur le refus qu'elle aura fait éclater, elle fera quatre ou cinq parties de promenades particulières. Elle aime naturellement les plaisirs : deux choses l'obligent quelquefois de s'en priver, la politique et l'inégalité; et c'est par l'une ou par l'autre de ces raisons-là que bien souvent elle va au sermon le lendemain d'une assemblée. Avec quelques façons qu'elle donne de temps en temps au public, elle croit préoccuper tout le monde, et s'imagine qu'en faisant un peu de bien et un peu de mal, tout ce que l'on pourra dire, c'est que l'un *portant* l'autre, elle est honnête femme. Les flatteurs, dont sa petite cour est pleine, lui en parlent bien d'autre manière; ils ne manquent jamais de lui dire qu'on ne saurait mieux accorder qu'elle fait la sagesse avec le monde, et le plaisir avec la vertu.

Pour avoir de l'esprit et de la qualité, elle se laisse un peu trop éblouir aux grandeurs de la cour : le jour que la reine lui aura parlé, et peut-être demandé seulement avec qui elle sera venue, elle sera transportée de joie; et, longtemps après, elle trouvera moyen d'apprendre, à tous ceux desquels elle se voudra attirer le respect, la manière obligeante avec laquelle la reine lui aura parlé. Un soir que le roi venait de la faire danser, s'étant remise à sa place, qui était auprès de moi : « Il faut avouer, me dit-elle, que le roi a de grandes qualités; je crois qu'il obscurcira la gloire de tous ses prédécesseurs. » Je ne pus m'empêcher de lui rire au nez, voyant à quel propos elle lui donnait ses louanges, et de lui répondre : « On n'en peut pas douter, madame, après ce qu'il vient de faire pour vous. » Elle était alors si satisfaite de Sa Majesté, que je la vis sur le point, pour lui témoigner sa reconnaissance, de crier *Vive le roi!*

Il y a des gens qui ne mettent que les choses saintes pour bornes à leur amitié, et qui feraient tout pour leurs amis, à la réserve d'offenser Dieu. Ces gens-là s'appellent amis jusques aux autels. L'amitié de Mme de Sévigné a d'autres limites : cette belle n'est amie que jusques à la bourse. Il n'y a qu'elle de jolie femme au monde qui se soit déshonorée par l'ingratitude : il faut que la nécessité lui fasse grand'peur, puisque, pour en éviter l'ombre, elle n'appréhende pas la honte. Ceux qui la veulent excuser disent qu'elle défère en cela au conseil de gens qui savent ce que c'est que la faim et qui se souviennent encore de leur pauvreté. Qu'elle tienne cela d'autrui, ou qu'elle ne le doive qu'à elle-même, il n'y a rien de si naturel que ce qui paraît dans son économie.

La plus grande application qu'ait Mme de Sévigné est à paraître tout ce qu'elle n'est pas; depuis le temps qu'elle s'y étudie, elle a déjà appris à tromper ceux qui ne l'avaient guère connue, ou qui ne s'appliquent pas à la connaître; mais, comme il y a des gens qui ont pris en elle plus d'intérêt que d'autres, ils l'ont découverte, et se sont aperçus malheureusement pour elle que tout ce qui reluit n'est pas or.

Mme de Sévigné est inégale jusqu'aux prunelles des yeux et jusqu'aux paupières; elle a les yeux de différentes couleurs, et, les yeux étant les miroirs de l'âme, ces inégalités sont comme un avis que donne la nature à ceux qui l'approchent, de ne pas faire un grand fondement sur son amitié.

Je ne sais si c'est parce que ses bras ne sont pas beaux, qu'elle ne les tient pas trop chers, ou qu'elle ne s'imagine pas faire une faveur, la chose étant si générale; mais enfin les prend et les baise qui veut : je pense que c'est assez pour lui persuader qu'il n'y a point de mal, qu'elle croit qu'on n'y a point de plaisir. Il n'y a plus que l'usage qui la pourrait contraindre, mais elle ne balance pas à le choquer plutôt que les hommes, sachant bien qu'ayant fait les modes, quand il leur plaira, la bienséance ne sera plus renfermée dans des bornes si étroites.

Voilà, mes chers, le portrait de Mme de Sévigné. Son bien, qui accommodait fort le mien, parce que c'était un parti de ma maison, obligea mon père à souhaiter que je l'épousasse : mais, quoique je ne la connusse pas alors si bien que je fais aujourd'hui, je ne répondis point au dessein de mon père : certaine manière étourdie dont je la voyais agir me la faisait appréhender, et je la trouvais la plus jolie fille du monde pour être femme d'un autre. Ce sentiment-là m'aida fort à ne la point épouser; mais, comme elle fut mariée un peu de temps après moi, j'en devins amoureux, et la plus forte raison qui m'obligea d'en faire ma maîtresse fut celle qui m'avait empêché de souhaiter d'être son mari.

Comme j'étais son proche parent, j'avais un fort grand succès chez elle, et je voyais les chagrins que son mari lui donnait tous les jours; elle s'en plaignait à moi bien souvent, et me priait de lui faire honte de mille attachements ridicules qu'il avait. Je la servis en cela quelque temps fort heureusement; mais enfin le naturel de son mari l'emportant sur mes conseils, de propos délibéré, je me mis dans la tête d'être amoureux d'elle, plus par la commodité de la conjecture que par la force de mon inclination. Un jour donc que Sévigné m'avait dit qu'il avait passé la plus agréable nuit du monde, non seulement pour lui, mais pour la dame avec qui il l'avait passée : « Vous pouvez croire, ajouta-t-il, que ce n'est pas avec votre cousine; c'est avec Ninon. — Tant pis pour vous, lui dis-je, ma cousine vaut mille fois mieux, et je suis assuré que, si elle n'était pas votre femme, elle serait votre maîtresse. — Cela pourrait bien être », me répondit-il. Je ne l'eus pas quitté, que j'allais tout conter à Mme de Sévigné. « Il y a bien de quoi se vanter à lui! me dit-elle en rougissant de dépit. — Ne faites pas semblant de savoir cela, lui répondis-je, car vous en voyez la conséquence. — Je crois que vous êtes fou, reprit-elle, de me donner cet avis, ou que vous croyez que je suis folle. — Vous le seriez bien plus, madame, lui répliquai-je, si vous ne lui rendiez pas la pareille, que si vous lui redisiez ce que je vous ai dit. Vengez-vous, ma belle cousine, je serai de moitié de la vengeance; car enfin vos intérêts me sont aussi chers que les miens propres. — Tout beau, monsieur le comte, me dit-elle, je ne suis pas si fâchée que vous le pensez. » Le lendemain, ayant trouvé Sévigné au Cours, il se mit avec moi dans mon carrosse. Aussitôt qu'il y fut : « Je pense, dit-il, que vous avez dit à votre cousine ce que je vous contai hier de Ninon, parce qu'elle m'en a touché quelque chose. — Moi, lui répliquai-je, je ne lui en ai point parlé, monsieur. Mais, comme elle a de l'esprit, elle m'a dit tant de choses sur le chapitre de la jalousie, qu'elle rencontre quelquefois la vérité. » Sévigné, s'étant rendu à une si bonne raison, me remit sur le chapitre de sa bonne fortune, et, après m'avoir dit mille avantages qu'il y avait d'être amoureux, il conclut par me dire qu'il le voulait être toute sa vie, et même qu'il l'était alors de Ninon autant qu'on le pouvait être; qu'il s'en allait passer la nuit à Saint-Cloud avec elle et avec Vassé qui leur donnait une fête, et duquel ils se moquaient ensemble. Je lui redis ce que je lui avais dit mille fois, que, quoique sa femme fût sage, il en pourrait faire tant, qu'enfin il la désespérerait et que, quelque honnête homme devenant amoureux d'elle dans le temps qu'il lui ferait de méchants tours, elle pourrait peut-être chercher des douceurs dans l'amour et dans la vengeance qu'elle n'aurait pas envisagées dans l'amour seulement; et là-dessus, nous étant séparés, je me retirai chez moi et j'écrivis cette lettre à sa femme.

LETTRE

Je n'avais pas tort hier, madame, de me défier de votre imprudence; vous avez dit à votre mari ce que je vous dis : vous voyez bien que ce n'est pas pour mes intérêts que je vous fais ce reproche; car tout ce qui m'en peut arriver est de perdre son amitié, et, pour vous, madame, il y a bien plus à craindre. J'ai pourtant été assez heureux pour le désabuser. Au reste, madame, il est tellement persuadé qu'on ne peut être honnête homme sans être toujours amoureux, que je désespère de vous voir jamais contente si vous n'aspirez qu'à être aimée de lui. Mais que cela ne vous alarme pas, madame; comme j'ai commencé de vous servir, je ne vous abandonnerai pas en l'état où vous êtes : vous savez que la jalousie a quelquefois plus de vertu pour retenir un cœur que les charmes et que le mérite; je vous conseille d'en donner à votre mari, ma belle cousine, et pour cela, je m'offre à vous. Si vous le faites revenir par là, je vous aime assez pour recommencer mon premier personnage de votre agent auprès de lui, et me faire sacrifier encore pour vous rendre heureuse; et, s'il faut qu'il vous échappe, aimez-moi, ma cousine, et je vous aiderai à vous venger de lui en vous aimant toute ma vie.

Le page à qui je donnai cette lettre, l'étant allé porter à Mme de Sévigné, la trouva endormie, et, comme il attendait qu'on l'éveillât, Sévigné arriva de la campagne : celui-ci ayant su de mon page, que je n'avais point instruit là-dessus, ne prévoyant pas que le mari dût arriver sitôt, ayant su, dis-je, qu'il avait une lettre à rendre de ma part à sa femme, la lui demanda sans rien soupçonner, et, l'ayant lue à l'heure même, lui dit de s'en retourner, qu'il n'y avait nulle réponse à faire. Vous pouvez juger comme je le reçus : je fus sur le point de le tuer, voyant le danger où il avait exposé ma cousine, et je ne dormis pas une heure cette nuit-là. Sévigné, de son côté, ne la passa pas meilleure que moi, et le lendemain, après de grands reproches qu'il fit à sa femme, il lui défendit de me voir. Elle me le manda, et qu'avec un peu de patience tout cela s'accommoderait un jour.

Six mois après, Sévigné fut tué en duel par le chevalier d'Albret. Sa femme parut inconsolable de sa mort : les sujets qu'elle avait de le haïr étant connus de tout le monde, on crut que sa douleur n'était que grimace. Pour moi, qui avais plus de familiarité avec elle que les autres, je n'attendis pas si longtemps qu'eux à lui parler de choses agréables : et bientôt après je lui parlai d'amour, mais sans façon et comme si je n'eusse jamais fait autre chose : elle me fit une de ces réponses d'oracles, que les femmes font d'ordinaire dans les commencements, et que ma passion, qui était assez tranquille, me fit paraître peu favorable; peut-être aussi l'était-elle, je n'en sais rien. Que, si Mme de Sévigné n'avait pas l'intention de m'aimer, on ne peut pas avoir plus de complaisance pour elle que j'en eus en ce rencontre. Cependant, comme j'étais son plus proche parent du côté le plus honorable, elle me fit mille avances pour être son ami; et moi, qui lui trouvais une manière d'esprit qui me réjouissait, je ne fus pas fâché de demeurer sur ce pied-là auprès d'elle. Je la voyais presque tous les jours; je lui écrivais; je lui parlais d'amour en riant; je me brouillais avec mes plus proches pour servir de mon crédit et de mon bien ceux qu'elle me recommandait : enfin, si elle eût eu besoin de tout ce que j'ai au monde, je lui aurais eu grande obligation de me donner lieu de l'en assister. Comme mon amitié ressemblait assez à l'amour, Mme de Sévigné en fut assez satisfaite, tant que je n'aimai point ailleurs; mais le hasard, comme je vous dirai ensuite, m'ayant fait aimer Amarante (Mme de Précy), ma cousine ne me témoigna plus tant de tendresse qu'elle faisait, lorsqu'elle croyait que je n'aimais rien qu'elle. De temps en temps, nous avions de petites brouilleries, qui véritablement s'accommodaient, mais qui laissaient dans mon cœur, et je crois dans le sien, des semences de divisions au premier sujet que nous en aurions l'un ou l'autre, et qui même étaient capables d'aigrir des choses indifférentes. Enfin, s'étant présentée une occasion où j'avais besoin de Mme de Sévigné, et où, sans son assistance, j'étais en danger de perdre ma fortune, cette ingrate m'abandonna et me fit en amitié la plus grande infidélité du monde. Voilà, mes chers, ce qui me fit rompre avec elle; et, bien loin de la sacrifier à Mme de Montglas, comme on a dit, celle-ci, que j'aimais il y avait déjà longtemps, m'empêcha de faire tout l'éclat que méritait une telle ingratitude.

Bussy ayant cessé de parler : « Qu'est-ce que c'est donc, lui dit Vivonne, que tout ce que l'on dit du comte du Lude et de Mme de Sévigné ? A-t-il été bien avec elle ? — Avant de vous répondre à ceci, reprit Bussy, il faut que vous sachiez ce que c'est que le comte du Lude. »

Il a le visage petit et laid, beaucoup de cheveux, la taille belle : il était né pour être fort gras, mais la crainte d'être incommodé et désagréable lui a fait prendre des soins si extraordinaires pour s'amaigrir, qu'enfin il en est venu à bout; véritablement sa belle taille lui a coûté quelque chose de sa santé; il s'est gâté l'estomac par les diètes qu'il a faites et le vinaigre dont il a usé. Il est adroit à cheval, il danse bien, il fait bien des armes, il s'est fort bien battu contre Vardes, et on lui a fait injustice quand on a douté de sa valeur; le fondement de cette médisance est que, toute la jeunesse de sa volée ayant pris parti dans la guerre, il s'est contenté de faire une campagne en volontaire :

mais cela vient de ce qu'il est paresseux et aime ses plaisirs; en un mot, il a du courage, et n'a point d'ambition. Il a l'esprit doux, il est agréable avec les femmes, il en a toujours été bien traité, et il ne les aime pas longtemps. Les raisons que l'on voit de ses bonnes fortunes, outre la réputation d'être discret, sont la bonne mine et d'avoir de grands talents pour l'amour; mais ce qui le fait réussir partout sûrement, c'est qu'il pleure quand il veut, et que rien ne persuade tant les femmes qu'on aime que les larmes. Cependant, soit qu'il lui soit arrivé des malheurs tête à tête, soit, comme ses envieux le veulent, que ce soit sa faute de n'avoir point d'enfants, il ne déshonore pas trop les gens qu'il aime. Mme de Sévigné est une de celles pour qui il a eu de l'amour; mais, sa passion finissant lorsque cette belle commençait d'y répondre, ces contre temps l'ont sauvée, ils ne se sont pu rencontrer; et, comme il l'a toujours vue depuis, quoique sans attachement, on n'a pas laissé de dire qu'elle l'avait aimé : et, bien que cela ne soit pas vrai, c'était toujours le plus vraisemblable à dire. Il a été pourtant le faible de Mme de Sévigné, et celui pour qui elle a eu plus d'inclination, quelque plaisanterie qu'elle en ait voulu faire. Cela me fait ressouvenir d'un couplet de chanson qu'elle fit, où elle faisait parler ainsi Mme de Sourdis, qui était grosse :

On dit que vous avez tous deux
Ce qui rend un homme amoureux;
J'entends un honnête homme,
Et non pas comme
Celui que je sai,
Qui ne sait point quel mal que j'ai.

Personne au monde n'a plus de gaieté, plus de feu, ni l'esprit plus agréable qu'elle. Ménage en étant devenu amoureux, et sa naissance, son âge, et sa figure l'obligeant de cacher son amour autant qu'il pouvait, se trouva un jour chez elle, dans le temps qu'elle voulait sortir pour aller faire quelque emplette. Sa demoiselle n'étant pas en état de la suivre, elle dit à Ménage de monter dans son carrosse avec elle et qu'elle ne craignait point que personne en parlât. Celui-ci, badinant en apparence, mais en effet tout fâché, lui répondit qu'il lui était bien rude de voir qu'elle n'était pas contente des rigueurs qu'elle avait depuis si longtemps pour lui, mais qu'elle le méprisât encore au point de croire qu'on ne pouvait dire rien de lui et d'elle. « Mettez-vous, lui dit-elle, mettez-vous dans mon carrosse; si vous me fâchez, je vous irai voir chez vous. »

Comme Bussy achevait ces dernières paroles, on vint dire à ces messieurs que l'on avait servi : ils s'en allèrent dîner, et, le repas s'étant passé avec la gaieté ordinaire, ils s'en allèrent dans le parc, où ils ne furent pas plus tôt, qu'ils prièrent Bussy de leur raconter l'histoire de Mme de Montglas et de lui, ce que leur ayant accordé, il commença de cette manière.

HISTOIRE

DE

MADAME DE MONTGLAS

ET DE BUSSY

Cinq ans avant la brouillerie de Mme de Sévigné et de moi, m'étant trouvé, au commencement de l'hiver à Paris, fort ami de La Feuillade et de d'Arcy, nous nous mîmes tous trois dans la tête d'être amoureux; et, parce que nous ne voulions pas que nos affaires nous séparassent les uns des autres, nous jetâmes les yeux sur tout ce qu'il y avait de jolies femmes pour voir si nous n'en pourrions pas trouver trois qui fussent aussi amies que nous, ou qui le pussent devenir. Nous ne cherchâmes pas longtemps pour rencontrer ce qu'il nous fallait. Mmes de Montglas, de Précy et Uranie (Mme de l'Isle) étaient fort amies et fort aimables; mais, comme peut-être eussions-nous eu de la peine à nous accorder sur le choix, et que le mérite de ces dames n'était pas si égal, que nos inclinations nous portassent à les aimer également, nous convînmes de faire trois billets de leurs trois noms, de les mettre dans une bourse, et de nous en tenir, en les tirant, à ce que le sort en ordonnerait. Mme de Montglas échut à La Feuillade, Mme de l'Isle à d'Arcy, et Mme de Précy à moi. La fortune, en ce rencontre, montra bien qu'elle est aveugle; car elle fit une faveur à La Feuillade dont il ne connut pas si bien le prix que j'eusse fait; mais il fallut me contenter de ce qu'elle m'avait donné; et, comme je n'avais vu que cinq ou six fois Mme de Montglas, je crus que les soins que j'allais rendre à Mme de Précy effaceraient de mon âme l'ébauche d'une passion.

Nous nous embarquâmes donc auprès de nos maîtresses. La Feuillade, ayant témoigné quinze jours ou trois semaines de l'amour à Mme de Montglas par ses assiduités, se résolut enfin de lui en parler. D'abord il trouva une femme qui, sans faire trop la sévère, lui parut si naturellement ennemie des engagements, qu'il faillit à désespérer de réussir auprès d'elle, ou du moins d'y réussir promptement; il ne se rebuta point et, quelque temps après, il la trouva plus incertaine; et, enfin pressa tant, et lui parut si amoureux, qu'elle lui permit d'espérer d'être aimé quelque jour. Mais, avant que de passer outre, il est à propos de faire la peinture de Mme de Montglas et de La Feuillade.

Mme de Montglas a les yeux petits, noirs et brillants, la bouche agréable, le nez un peu retroussé, les dents belles et nettes, le teint trop vif, les traits fins et délicats, et le tour du visage agréable; elle a les cheveux noirs, longs et épais; elle est propre au dernier point, et l'air qu'elle souffle est plus pur que celui qu'elle respire; elle a la gorge la mieux taillée du monde, les bras et les mains faits au tour; elle n'est ni grande ni petite, mais d'une taille fort aisée, et qui sera toujours agréable si elle la peut sauver de l'incommodité de l'embonpoint. Mme de Montglas a l'esprit vif et pénétrant comme son teint, jusqu'à l'excès; elle parle et elle écrit avec une facilité surprenante, et le plus naturellement du monde; elle est souvent distraite en conversation, et on ne peut lui dire guère de choses d'assez grande conséquence pour occuper toute son attention : elle vous prie de lui apprendre quelquefois une nouvelle, et, comme vous commencez la narration, elle oublie sa curiosité, et le feu dont elle est pleine fait qu'elle vous interrompt pour vous parler d'autre chose.

Mme de Montglas aime la musique et les vers, elle en fait d'assez jolis : elle chante mieux que femme de France de sa qualité; personne ne danse mieux qu'elle; elle craint la solitude; elle est bonne amie jusqu'à prendre brutalement le parti de ceux qu'elle aime, quand on en veut mal parler devant elle, et jusqu'à leur donner tout son bien s'ils en avaient besoin; elle garde religieusement leurs secrets; elle sait fort bien vivre avec tout le monde; elle est civile comme il faut que le soit une femme de qualité; et, quoiqu'elle aime assez à ne fâcher personne, sa civilité tient plus de la gloire que de la flatterie : cela fait qu'elle ne gagne pas les cœurs sitôt que beaucoup d'autres plus insinuantes; mais, quand on connaît sa fermeté, on s'attache bien plus fortement à elle.

La Feuillade n'est pas tout à fait en homme ce que Mme de Montglas est en femme; ce sont des mérites différents. Celui-ci néanmoins a quelque faux brillant qui peut éblouir d'abord les étourdis, mais qui ne trompe pas les gens qui font des réflexions. Il a les yeux bleus et vifs, la bouche grande, le nez court, les cheveux frisés et un peu ardents, la taille assez belle, les genoux en dedans; il a trop de vivacité; il parle fort, et veut toujours être plaisant; mais il ne fait pas toujours ce qu'il veut, cela s'entend avec les honnêtes gens; car, pour le peuple et les esprits médiocres, avec qui il ne faut qu'avoir toujours la bouche ouverte pour rire ou pour parler, il est admirable; il a l'esprit léger et le cœur dur jusqu'à l'ingratitude; il est envieux, et c'est lui faire outrage que d'avoir de la prospérité; il est vain et fanfaron, et, à son avènement dans le monde, il nous avait si souvent dit qu'il était brave, qu'on faisait conscience d'en douter; cependant on fait conscience aujourd'hui de le croire.

Je vous ai dit que Mme de Montglas, persuadée qu'il avait une violente passion pour elle, lui avait laissé croire qu'il pouvait espérer d'être aimé. Tout autre que

La Feuillade eût fait de cette affaire la plus agréable affaire du monde; mais il était logé comme je vous ai dit, et n'aimait que par boutades; il en faisait assez pour échauffer sa maîtresse, et trop peu pour lui faire prendre parti. Quand je disais à cette belle qu'il l'aimait fort, parce que La Feuillade m'avait prié devant elle de parler pour lui en son absence, elle se moquait de moi et me faisait remarquer quelques endroits de son procédé qui détruisaient les bons offices que je lui voulais rendre. Je ne laissais pas de l'excuser, et, ne pouvant toujours sauver sa conduite, je justifiais au moins ses intentions. Nous étions à peu près en ces termes, d'Arcy et moi, avec Mmes de Précy et de l'Isle, c'est-à-dire qu'elles voulaient bien que nous les aimassions; mais véritablement nous faisions mieux notre devoir auprès d'elles que La Feuillade auprès de Mme de Montglas. Enfin, trois mois s'étant passés pendant lesquels cette belle se trouvait plus engagée par les choses que je lui avais dites en faveur de La Feuillade que par l'amour qu'il lui avait témoigné, il fallut que cet amant allât servir à l'armée à un régiment d'infanterie qu'il avait. Cet adieu lui fit sentir qu'elle avait dans le cœur pour La Feuillade un peu plus de bonté qu'elle n'avait cru jusque-là : elle lui en laissa voir quelque chose; mais, quoique c'en fût assez pour rendre un honnête homme heureux, cela ne pouvait pas choquer la vertu la plus sévère. La Feuillade, en partant, lui fit mille protestations de l'aimer toute sa vie, quand même elle s'opiniâtrerait toujours à ne point répondre à sa passion, et lui et moi la pressâmes tant de lui accorder la permission de lui écrire, qu'elle y consentit.

Quelque temps avant ce départ, m'apercevant que le commerce que j'avais pour mon ami avec sa maîtresse m'avait plus touché le cœur pour elle en me la faisant connaître de plus près, et que les efforts que j'avais faits pour aimer Mme de Précy ne m'avaient point guéri de Mme de Montglas, je résolus de ne la plus voir si souvent, pour n'être pas partagé sans cesse entre l'honneur et l'amour-propre. Tant que La Feuillade fut à Paris, sa maîtresse ne prit pas garde que je la voyais moins qu'à l'ordinaire; mais, lorsqu'il fut parti, elle connut du changement en manière de vivre, et cela la mit en peine, croyant que ma retraite était une marque de refroidissement de La Feuillade, de qui même après son départ elle n'avait reçu aucune nouvelle. Quelques jours après m'ayant envoyé prier de l'aller trouver : « Que vous ai-je fait, monsieur, me dit-elle, que je ne vous vois plus? Votre ami a-t-il quelque part à vos absences ? — Non, lui dis-je, madame, cela ne regarde que moi. — Comment, dit-elle, vous ai-je donné quelque sujet de vous plaindre ? — Non, madame, lui répliquai-je, je ne me saurais plaindre que de la fortune. » L'embarras avec lequel je dis cela l'obligea de me presser de lui en dire davantage. « Eh quoi! ajouta-t-elle, me cacherez-vous vos affaires à moi, qui vous fais savoir tout ce que j'ai dans le cœur ? Si cela était, je me plaindrais de vous. — Ah! que vous êtes pressante! lui répondis-je; est-ce avoir de la discrétion que d'arracher le secret à son ami ? et ne devriez-vous pas croire que je ne vous dois pas dire le mien, puisque je ne vous le dis pas en l'état où je suis avec vous ? ou plutôt ne le devriez-vous pas deviner, madame, puisque... — Ah! n'achevez pas, m'interrompit-elle, j'ai peur de vous entendre, j'ai peur d'avoir sujet de me fâcher et de perdre l'estime que je fais de vous. — Non, non, madame, lui dis-je, ne craignez rien, je suis en l'état que vous ne voulez pas apprendre, et je ne laisse pas de faire mon devoir; mais, puisque nous en sommes venus si avant, je m'en vais vous dire tout le reste. Aussitôt que je vous vis, madame, je vous trouvai fort aimable, et, chaque fois que je vous voyais ensuite, vous me paraissiez plus belle que la dernière; je ne sentais pourtant encore rien d'assez pressant dans ces commencements pour m'obliger de vous chercher, mais j'étais fort aise quand je vous rencontrais. La première chose à quoi je m'aperçus que je vous aimais, madame, ce fut au chagrin que me donnait votre absence; et, comme j'étais sur le point de m'abandonner à ma passion, et de songer aux moyens de vous la faire connaître, d'Arcy, La Feuillade et moi, tirâmes au sort auprès de qui, de vous, de Mme de Précy et de Mme de l'Isle, chacun de nous s'attacherait. Quoique ce que j'avais pour vous dans le cœur, madame, fût encore bien faible, je n'aurais pas mis au hasard une chose de cette conséquence, si je n'eusse été jusque-là fort heureux; mais enfin ma fortune changea pour ce coup; car vous échûtes à La Feuillade, et j'aurais bien plus gagné de perdre toute ma vie qu'en ce malheureux moment; toute ma consolation fut, comme j'ai dit, que l'attachement que j'allais avoir pour Mme de Précy, que j'avais autrefois aimée, m'arracherait du cœur ce que j'y avais de commencé pour vous; mais inutilement, madame. Vous jugez bien que, le commerce que l'intérêt de mon ami m'obligeait d'avoir avec vous me donnant lieu de vous connaître plus particulièrement et de remarquer en vous des principes admirables pour l'amour, je ne pus me défaire d'une passion que votre beauté seulement avait fait naître. Lorsque La Feuillade me pria de le servir, je sentis quelque chose au-delà de la joie qu'on a d'ordinaire de servir son ami, et je m'aperçus bientôt après que, sans le vouloir tromper, j'étais ravi de me mêler de ses affaires, pour avoir seulement le plaisir de vous voir de plus près. Mais, faisant réflexion qu'il pouvait à la fin me donner d'effroyables peines, cela, madame, m'a obligé de vous voir moins souvent, et, quoique vous n'y ayez pas pris garde, depuis le départ de La Feuillade, il y a déjà plus de quinze jours que j'ai retranché de mes visites. Ce n'est pas, madame, que vous n'ayez pu remarquer jusqu'ici que j'ai servi mon ami comme je me fusse servi moi-même; je l'ai justifié quelquefois lorsqu'il était apparemment coupable, et que je pouvais, si j'eusse voulu, le ruiner auprès de vous sans paraître infidèle, laissant faire le ressentiment de mille fautes que vous prétendiez qu'il faisait contre l'amour qu'il vous avait témoigné. Mais je vous avoue que mon devoir me coûte trop en vous voyant, pour ne pas épargner, en ne vous voyant plus, tous les efforts qu'il faut que je fasse auprès de vous. Au reste, madame, je ne vous aurais jamais dit les raisons de ma retraite, si vous ne me les aviez jamais demandées. — Il n'y a rien de plus honnête, monsieur, me répliqua Mme de Montglas, que ce que vous faites aujourd'hui; mais il faut achever de faire votre devoir; vous devriez mander à votre ami l'état de toutes choses, afin qu'il ne soit pas surpris quand il apprendra peut-être par d'autres voies que vous ne me voyez presque plus, et qu'il ne s'attende pas inutilement à vos bons offices auprès de moi. »

Et là-dessus, Mme de Montglas m'ayant fait apporter de l'encre, j'écrivis cette lettre.

LETTRE DE BUSSY A LA FEUILLADE

Puisque, de la manière que j'en use, l'amour que j'ai pour votre maîtresse n'offense ni mon honneur ni l'amitié que je vous dois, je puis sans honte vous l'apprendre; et au contraire je me déshonorerais en vous le cachant. Sachez que je ne pus voir longtemps Mme de Montglas sans l'aimer; que, m'en étant aperçu, j'ai cessé de la voir, et que, m'envoyant chercher aujourd'hui pour savoir de moi d'où pouvait venir le sujet d'une si prompte retraite, je lui ai dit que je l'aimais; mais que pour ne rien faire contre mon devoir, je ne la verrais plus. J'ai cru vous en devoir donner avis, afin que vous preniez d'autres mesures auprès d'elle, et que vous voyiez dans le malheur qui m'est arrivé de devenir votre rival que je ne suis point indigne de votre amitié ni de votre estime.

Ayant lu cette lettre à Mme de Montglas :

« Eh bien, madame, lui dis-je, ce procédé-là est-il net ? — Ah! monsieur, répliqua-t-elle, il n'y a rien de si beau : mais, quoique je croie que vous avez la plus belle âme du monde, il serait bien difficile que, vous mêlant des affaires de votre rival, trouvant mille raisons de vous rendre l'un à l'autre de mauvais offices, et croyant profiter de nos brouilleries, vous résistassiez, dans l'amour que vous avez pour moi, à la tentation de nous mettre mal ensemble, et, comme vous avez de l'esprit, il ne serait pas malaisé de faire en sorte qu'il parût que l'un ou l'autre eût tort, et de rejeter sur l'un de nous deux, ou sur la fortune, le malheur dont vous seul seriez la cause. Quand même votre ami cesserait d'aimer par sa propre inconstance, après ce que je sais de vous, je croirais toujours, si vous vous mêliez de nos affaires, que ce serait par vos artifices; vous avez donc bien raison, monsieur, de ne me plus voir; et, quoique je perde infiniment en ce rencontre, je ne puis m'empêcher de louer cette action. » Après quelques autres discours sur cette matière, je sortis pour envoyer la lettre à La Feuillade, et, dix jours après, voici la réponse que j'en reçus :

LETTRE DE LA FEUILLADE A BUSSY

Vous avez fait votre devoir, mon cher, et je vais faire le mien. J'ai plus de confiance en vous que vous-même : je vous prie donc de voir toujours Mme de Montglas et de me servir auprès d'elle. Quand on est aussi délicat sur l'intérêt que vous me le paraissez, on est assurément incapable de trahir ses amis; mais, quand le mérite de Mme de Montglas vous aurait tellement aveuglé, que vous ne seriez plus en état de vous en retirer, je vous excuserais volontiers sur la nécessité qu'il y a de l'aimer quand on la connaît parfaitement.

Avec cette lettre il y en avait encore une pour Mme de Montglas; la voici :

LETTRE DE LA FEUILLADE A MADAME DE MONTGLAS

Je ne suis pas surpris, madame, d'apprendre que mon ami vous aime : je m'étonnerais bien plus qu'un honnête homme, qui vous voit et qui vous parle tous les jours, conservât son cœur, auprès de tant de mérite. Il me mande qu'il ne veut plus vous voir, de peur de succomber à l'inclination qu'il a pour vous; et moi je le prie de ne pas se retirer, sur l'assurance que j'ai qu'il aura plus de force qu'il ne pense, et que, quand même il ne pourrait plus résister, vous ne donneriez pas votre cœur à un traître après l'avoir refusé au plus fidèle amant du monde.

Aussitôt que j'eus reçu ces deux lettres, je les allai porter à Mme de Montglas. Mais, pour ne pas nuire à mon ami, de qui la maîtresse était fort délicate, j'effaçai toute la fin de la lettre qu'il m'écrivait, depuis l'endroit où il me mandait que, quand le mérite de Mme de Montglas m'aurait tellement aveuglé que je ne serais pas en état de me retirer, il m'excuserait sur la nécessité qu'il y avait de l'aimer quand on la connaissait bien. J'eus peur qu'elle ne jugeât, comme moi, que cet endroit ne fût fort galant, mais peu tendre. « Vous avez raison, répondit le comte de Guiche, et non seulement cet endroit, mais les deux lettres me paraissent bien écrites, mais indifférentes. — La suite, répliqua Bussy, ne vous désabusera pas. »

Vous saurez donc, continua-t-il, que Mme de Montglas, voyant cette rature, me demanda ce que c'était : je lui dis que La Feuillade me parlait d'une affaire de conséquence qui me regardait. « Puisqu'il souhaite, me dit-elle, que vous continuiez de me voir, j'y consens : mais, monsieur, c'est à condition que vous ne me parlerez jamais des sentiments que vous avez pour moi. — Je le ferai, puisque vous le voulez, lui répliquai-je; ce n'est pas que je ne vous en dusse parler sans vous devoir être suspect; car, quoique je vous aime plus que ma vie, si pour reconnaître mon amour vous méprisez celui de mon ami, en cessant de vous estimer, je cesserais de vous aimer aussi : ce n'est pas assurément à cause que vous êtes belle, madame, c'est encore parce que vous n'êtes pas coquette, que je vous aime. — Je le crois, monsieur, me dit-elle; mais, puisque vous ne désirez ni ne prétendez rien, ne m'aimez plus; car qu'est-ce qu'un amour sans désirs et sans espérance ? — Je ne prétends rien, lui dis-je, mais j'espère et je désire. — Et que pourriez-vous désirer ? reprit-elle. — Je souhaite, répliquai-je, que La Feuillade ne vous aime plus, et que cela vous soit indifférent. — Et, quand cela serait, reprit-elle, croiriez-vous en être plus heureux ? — Je ne sais si je le serais, madame, lui dis-je, mais au moins en serais-je plus près que je ne suis. » Et là-dessus je fis ce couplet de chanson :

Si vous aimer seulement
Est un assez grand tourment,
Vous pouvez juger du mal
Que l'on a quand il faut être
Confident de son rival.

Ce qui me consolait un peu dans la vie de toutes les peines que me donnait un amour sans espérance, c'est que j'étais sur le point d'avoir la charge de maître de camp général de la cavalerie, et que, cette charge m'obligeant d'aller bientôt à l'armée, l'honneur me guérirait d'un amour qui n'était pas heureux. Quelques jours avant que de partir, je voulus adoucir le chagrin que me donnait la violence que je me faisais à cacher ma passion : et pour cet effet je donnai à Mme de Sévigné une fête si belle et si extraordinaire, que vous serez assurément bien aise que je vous en fasse la description.

Premièrement, figurez-vous dans le jardin du Temple, que vous connaissez, un bois que deux allées croisent : à l'endroit où elles se rencontrent, il y avait un grand rond d'arbres, aux branches desquels on avait attaché cent chandeliers de cristal; dans un des côtés de ce rond, on avait dressé un théâtre magnifique, dont la décoration méritait bien d'être éclairée comme elle était; et l'éclat de mille bougies, que les feuilles des arbres empêchaient de s'échapper, rendait une lumière si vive en cet endroit, que le soleil ne l'eût pas éclairé davantage; aussi, par cette même raison, les environs en étaient si obscurs, que les yeux ne servaient de rien, la nuit était la plus tranquille du monde. D'abord la comédie commença, qui fut trouvée fort plaisante. Après ce divertissement, vingt-quatre violons ayant joué des ritournelles, jouèrent des branles, des courantes et des petites danses. La compagnie n'était pas si grande qu'elle était bien choisie : les uns dansaient, les autres voyaient danser; et les autres, de qui les affaires étaient plus avancées, se promenaient avec leurs maîtresses dans les allées où l'on se touchait sans se voir; cela dura jusques au jour, et, comme si le ciel eût agi de concert avec moi, l'aurore parut quand les bougies cessèrent d'éclairer. Cette fête réussit si bien qu'on en manda les particularités partout; et à l'heure qu'il est, on en parle avec admiration. Il y en eut qui crurent que Mme de Sévigné, en ce rencontre, n'était que le prétexte de Mme de Précy; mais la vérité fut que je donnai cette fête à Mme de Montglas, sans lui oser dire; et je crois qu'elle s'en douta, sans m'en rien témoigner. Cependant je badinais avec elle devant le monde; je lui disais toujours quelques discours en riant, et je lui fis ce couplet de sarabande, que vous avez ouï dire assurément :

De tous côtés
On vous désire;
Mais, quand vos yeux ôtent les libertés,
On veut aussi que votre âme soupire.
Sur votre cœur j'ai fait une entreprise,
Et ma franchise
Ne tient à rien;
Mais j'ai bien peur, adorable Bélise,
Que votre cœur soit plus dur que le mien.

Vous jugerez bien qu'ayant ces sentiments pour Mme de Montglas, mes soins pour Mme de Précy étaient médiocres; je vivais pourtant le mieux du monde avec elle, et mon peu d'empressement s'accordait fort bien avec sa tiédeur. Cependant, lorsqu'elle commença à soupçonner que j'aimais Mme de Montglas, elle se réchauffa pour moi et fut fâchée quand elle vit que je ne faisais pas de même pour elle. J'admirai là-dessus le caprice des dames : elles ont du chagrin de perdre un amant qu'elles ne veulent pas aimer. Mais, avec tout cela, ce que faisait Mme de Précy n'était pas si surprenant que ce que faisait Mme de l'Isle. J'avais parlé d'amour à la première, et il n'était pas fort étrange qu'elle y prît quelque intérêt; mais, pour Mme de l'Isle, à qui je n'avais jamais témoigné que de l'amitié, je ne puis assez m'étonner de la manière dont vous allez entendre qu'elle en usa. Sitôt qu'elle soupçonna mon amour pour Mme de Montglas, il n'y a pas de ruses dont elle ne se servît pour s'en bien éclaircir; elle me disait quelquefois en riant que j'en étais amoureux; tantôt elle m'en disait du bien, et, parce que je craignais qu'elle ne voulût par là découvrir ce que j'avais dans le cœur, j'étais assez réservé sur les louanges; une autre fois elle en disait du mal; et moi, qui était bien aise d'apprendre à Mme de Montglas qu'elle était trompée de s'attendre à l'amitié de Mme de l'Isle, ayant trouvé celle-ci en mille autres rencontres trahissant Mme de Montglas, je la laissais dire, et lui donnais une audience fort favorable, pour lui faire croire que j'y prenais plaisir. Enfin, ne pouvant plus souffrir un soir l'emportement qu'elle avait contre elle, j'en avertis Mme de Montglas; ce qui fut cause qu'elles rompirent ensemble et que, dans la suite, cette belle eut toutes les raisons du monde de croire que j'avais véritablement de l'amour pour elle.

INDEX DES NOMS CITÉS

ARCY. René Martel, marquis d'Arcy. Mort en 1694 à soixante ans. Saint-Simon et Dangeau ont parlé de lui avec éloge. « D'une vertu et d'une capacité peu communes », écrit Saint-Simon, « fort rompu au grand monde, et un très vaillant homme sans ostentation ».

AUBIGNY. Les historiens renoncent à savoir de qui parle Bussy. En fait, on peut être presque certain qu'il s'agit d'un émigré anglais, Louis Stuart d'Aubigny, fils du duc de Lennox et de Richmond. Il fut en France ami de Saint-Evremond.

BEAUVAIS (Mme de). Catherine-Henriette Bellier, mariée à Pierre de Beauvais, conseiller d'Etat. Gui Patin parle comme Bussy des origines de cette dame. Le père était, dit-il, un fripier de la halle. Elle réussit à devenir première femme de chambre d'Anne d'Autriche. Saint-Simon la peint « créature de beaucoup d'esprit et d'intrigue, fort audacieuse, qui avait eu le grapin sur la reine mère, et qui était plus que galante ». On lui attribuait d'avoir déniaisé le très jeune Louis XIV. En 1651, elle eut une galanterie avec Vardes. Le chevalier de Sévigné disait d'elle : « Elle est l'exécration de la cour. » Bussy parle de ses deux filles. L'une réussit à se faire épouser par le marquis de Richelieu en 1652. La seconde s'imposa à l'estime de la cour « par son mérite et sa vertu ».

BEUVRON. Il ne saurait s'agir ici de François de Harcourt, marquis de Beuvron, né en 1598, mais de son fils François, né en 1625. Il se maria en 1648 à Catherine Le Tellier. Il mourut en 1705. Les Beuvron étaient une des grandes familles de la noblesse de Normandie.

BONNELLE (Mme de). Charlotte de Prie épousa en 1639 Noël de Bullion, sieur de Bonnelle. Elle était la sœur aînée de Louise de Prie, demoiselle de Toussy. Elle menait grand train et donnait des fêtes. Elle était joueuse, et présidait à la maison de jeu la plus considérable de Paris. Elle se mêla de politique et fit partie de la cabale de Mademoiselle. Quand le roi rentra à Paris, en octobre 1652, elle fut exilée. Elle revint d'ailleurs à Paris, recommença de jouer et se ruina. Son fils Fervaques fut l'amant de Mme de la Ferté, sœur de la comtesse d'Olonne.

BOUTEVILLE. François de Montmorency-Bouteville, décapité en 1627, était le père de Mme de Châtillon. Bussy ne fait que nommer Mme de Bouteville, mère de la duchesse de Châtillon. Elle était née Elisabeth-Angélique de Vienne.

BRÉGY (Mme de). Charlotte Saumaise de Chezan, mariée en 1637 au comte de Brégy. Elle tint une place importante dans la bonne société. Elle eut des relations suivies avec la reine d'Angleterre, elle fut honorée de l'amitié de Monsieur et de la comtesse de Soissons. Lorsque la reine de Suède vint à Paris, elle tint à rendre visite à Mme de Brégy. Celle-ci était aussi dame d'honneur de la reine, et Mazarin faisait cas de son esprit. Elle s'occupait de belles-lettres, elle a écrit des poésies et des *Questions d'amour*. Ses *Œuvres galantes* parurent en 1666.

BRIENNE (Mme de). Il s'agit sans doute de la femme d'Henri-Auguste de Loménie, comte de Brienne, secrétaire d'Etat. Elle était estimée d'Anne d'Autriche pour son mérite et sa vertu. Elle était « gouvernée » par une carmélite, ancienne fille d'honneur de Marie de Médicis. On n'est pas étonné d'apprendre par Bussy qu'elle était en relation avec Mme de Bouteville.

CALVOISIN (Mme de). Bussy nous dit qu'elle était la femme du gouverneur de Roye, petite ville près de la frontière de Picardie dont le maréchal d'Hocquincourt devait assurer la défense. Ce M. de Calvoisin est sans doute celui qui fut blessé au siège de La Bassée en 1642 (*Gazette de France* du 24 mai 1642).

CAMBIAC. Cet abbé de Cambiac, très peu connu, était originaire des pays de la Garonne. Lénet a parlé de lui dans ses *Mémoires*. Il était, dit-il, « doux, modeste, beau, propre, et fort intrigant ». Il semble qu'il ait servi, avant tout, les intérêts de Condé. Mais en même temps, devenu amoureux fou de Mme de Châtillon, il lui rendit de précieux services, et en exigea la récompense.

CANDALE. Louis, marquis de la Valette, duc de Candale, était né en 1627. Il fut célèbre par son élégance, par ses conquêtes amoureuses et par le dérèglement de ses mœurs. Il avait d'ailleurs, au dire du cardinal de Retz, un esprit « au-dessous du médiocre ». En 1647, nous le trouvons qui, dans une crise d'ivresse, trouble une représentation au théâtre, et renverse des boutiques sur le Cours. En 1648, il est de ceux qui brûlèrent l'Echelle du Temple et violèrent des dames de condition dans le bois de Vincennes. Il mourut jeune, à Lyon, en 1658. Ce que Bussy insinue sur sa mort était de notoriété publique. Les contemporains n'ont hésité que sur la cause particulière de ce décès prématuré. Les uns disent qu'une femme lui avait donné des marques d'amour qui l'avaient « complètement épuisé ». D'autres, moins précis, disent qu'il mourut des suites d'une galanterie. Gui Patin ne craint pas de donner le nom de la maladie qui tua Candale. Il ajoute qu'on le trouva « tout pourri » après sa mort.

CASTELLANE (Mme de). Anne-Elisabeth de Rassan, dite la Belle Provençale. C'est elle que Candale aima dans les semaines qui précédèrent sa mort. Bussy n'invente rien à ce sujet, et Desmaizeaux confirme son récit. La Belle Provençale se maria plus tard. Elle devint marquise de Ganges. Elle fut assassinée par ses deux beaux-frères parce qu'elle se refusait à eux.

CHARLES II D'ANGLETERRE. Mme de Châtillon, qui rêvait d'être reine d'Angleterre, s'était intéressée à lui quand il était encore tout jeune. Lorsqu'il revint d'Angleterre, il lui arrivait de chasser près de Merlou, où son ami Crofts avait une petite maison. Il allait naturellement rendre visite à Mme de Châtillon. Elle se mit en tête que le prince voulait l'épouser. Au dire de Mademoiselle de Montpensier, Mme de Ricous, en la coiffant, lui disait : « Vous serez une belle reine. »

CHATILLON. Gaspard IV de Coligny, marquis d'Andelot, devint duc de Châtillon à la mort de son père en 1646. On lui attribuait des liaisons avec Marion de Lorme et Ninon de Lenclos, mais à cette époque déjà des chansons couraient sur l'amour qu'il portait à ses valets. On le considérait comme « le grand mignon » du duc d'Enghien. En mars 1645, poussé par celui-ci, il enleva Isabelle-Angélique de Montmorency-Bouteville et l'épousa à Château-Thierry. Mais presque immédiatement il lui manifesta une indifférence complète. Il fut l'un des principaux lieutenants de Condé au cours des campagnes qui suivirent. Il fut blessé mortellement en menant les troupes royales contre les Frondeurs barricadés dans Charenton, en février 1649. Il avait à cette époque une galanterie avec Mme de Guerchy.

CHATILLON (Mme de). Isabelle-Angélique de Montmorency-Bouteville, femme du précédent. Elle était née en 1627. Son mari n'était pas encore mort qu'elle lui préférait le duc de Nemours. Devenue veuve, elle afficha sa liaison. Elle en eut d'autres, et les historiens ont des difficultés à démêler ce que cachaient des apparences scandaleuses. Il est probable qu'elle s'en tint, avec Condé à une galanterie où la politique tenait la plus grande place. Il semble qu'elle n'ait pas été plus loin avec le roi d'Angleterre. L'abbé de Cambiac et l'abbé Foucquet eurent ses faveurs parce qu'elle avait besoin d'argent et que l'abbé Foucquet la tenait par des secrets d'Etat. On ne sait pas le caractère de ses rapports avec George Digby. Elle se moqua certainement du maréchal d'Hocquincourt. Elle était cupide et recevait de toutes mains. Elle réussit à se faire donner le domaine de Mello, ou Merlou, en Beauvaisis, par les Condés. Elle ne se guérit pas de ce vice. Quand elle mourut, en 1695, Mme de Sévigné rappela son avarice. Elle entassa jusqu'au bout or, argent, meubles précieux. Depuis 1664, elle portait le titre de duchesse de Mecklembourg, par son mariage avec le duc Christian. Le maréchal de Luxembourg était son frère, d'un an moins âgé qu'elle.

CHEVREUSE (Mme de). La fameuse duchesse de Chevreuse n'apparaît que dans deux lignes de l'*Histoire amoureuse des Gaules*. Les historiens semblent n'être pas informés de la passion qu'au dire de Bussy l'abbé Foucquet aurait éprouvée pour elle.

CŒUVRES. François-Hannibal, marquis de Cœuvres, était fils du maréchal d'Estrées. Bussy l'avait rencontré plusieurs fois au cours de ses campagnes.

CONDÉ. Louis de Bourbon, d'abord duc d'Enghien, prit le nom de prince de Condé à la mort de son père, en décembre 1646. Il fut d'abord le chef et le protecteur de Bussy, et en 1647 encore il faisait son éloge à Mazarin. Mais il se débarrassa ensuite de lui pour faire la carrière de son favori, le petit Guitaut. Bussy s'en est vengé dans l'*Histoire amoureuse des Gaules*. Condé fut de ceux qui poussèrent le roi à châtier l'imprudent écrivain. Le portrait que Bussy donne de lui s'accorde avec les témoignages contemporains. Ils ne laissent ignorer ni son impiété, volontiers blasphématoire, ni la brutalité de soudard qu'il mettait dans ses rapports avec les femmes, ni ses amitiés très particulières avec des jeunes gens de son état-major.

CONTY. Armand de Bourbon, prince de Conty (*et non pas* Conti). Il était frère du Grand Condé et de Mme de Longueville. Il avait plus d'intelligence que de caractère. Il affecta d'être amoureux de sa sœur, et sa conduite fit plus d'une fois scandale. Puis, en 1656, il se fit dévot. Après avoir protégé Molière, il lui retira son patronage et écrivit un traité édifiant contre le théâtre. Il mourut en 1666.

CORNUEL. Les Cornuel étaient une puissante dynastie bourgeoise. Claude Cornuel avait été intendant, puis contrôleur général des Finances, et enfin président de la chambre des Comptes. Guillaume Cornuel était trésorier de l'Extraordinaire des Guerres. Du côté des femmes, on citait avec admiration Mme Cornuel, fameuse à travers le siècle pour ses mots d'esprit, Margot Cornuel sa belle-fille, et Marion, qui était de son vrai nom Marion Legendre, fille d'un premier mariage de Mme Cornuel, mais que tout le monde appelait Marion Cornuel. Les commentateurs de Bussy pensent qu'il veut parler de Mme Cornuel, et la chose n'est pas impossible. Mais il dit *mademoiselle* Cornuel. On peut donc penser à Marion, qui était la maîtresse de La Rivière, évêque de Langres, et qui avait la réputation de n'aimer que les gens de cour et d'épée.

CRAF. Il s'appelait en réalité William Crofts. C'était un Anglais fidèle aux Stuarts et qui avait suivi la famille royale en exil. Il était capitaine des gardes de la reine Henriette. Il avait une petite maison auprès de Merlou, et le jeune roi d'Angleterre y allait chasser. C'était, dit-on, « un homme de plaisir ». Il fut fort des amis de La Rochefoucauld. Plus de vingt ans avant les temps de l'*Histoire amoureuse des Gaules*, il avait été mêlé aux intrigues de la politique française. Il avait aidé alors Mme de Chevreuse à s'enfuir en Espagne, et il avait eu « de grandes privautés » avec elle. Tallemant, qui nous en parle, estropie lui aussi le nom de William Crofts et l'appelle Craft.

Il est probable que le nom se prononçait de cette manière. William Crofts mourut en 1677.

CRÉQUY. Charles, duc de Créquy, était l'ami du comte d'Olonne et du comte de Guiche. En 1657, pendant la campagne du Nord, le comte de Guiche demanda à Bussy de lier amitié avec Créquy. En fait celui-ci se montra réticent. Il fut plus tard ambassadeur de France à Rome et à Londres. Il s'intéressait aux belles-lettres. Saint-Evremond a dit de lui que c'était un esprit universel et qui s'étendait à tout, qu'il aurait pu se donner de la réputation par les lettres mais qu'il la voulait toute par les armes, qu'il joignait à l'avantage d'avoir beaucoup lu le mérite de cacher discrètement ses connaissances. En fait nous nous souvenons surtout qu'il eut le tort, avec le comte d'Olonne, de médire d'*Andromaque*, et que Racine s'en vengea dans une épigramme cruelle.

CRÉQUY (Mme de). Armande de Saint-Gelais de Lusignan de Lansac, femme du précédent. C'était, au dire du duc d'Enghien, « la plus honnête femme du monde ». Pourtant des bruits coururent, en juillet 1664, sur ses relations avec le nonce du pape Chigi. Ces bruits parvinrent à Rome où se trouvait Créquy, et il intima à sa femme l'ordre de quitter Paris et de se retirer à Hesdin, près de Boulogne-sur-Mer. L'opinion attribua cette calomnie à Mme d'Armagnac. L'*Histoire amoureuse des Gaules* contient une allusion à cet incident. Il faut en conclure que ce passage est interpolé, et ne peut appartenir au texte de 1660.

DIGBY. George Digby, second comte de Bristol, était né en 1612. Il avait été lieutenant général de Charles Ier d'Angleterre. Réfugié en France, il prit part à la Fronde des Princes. Il fut nommé lieutenant général dans les armées françaises. Il était « fier et plein d'ambition ». Gouverneur de Mantes, il se trouvait à peu de distance de Merlou, où vivait la duchesse de Châtillon. Une grande liaison s'établit entre eux, où l'on distingue mal la part de la politique et celle de l'amour. Un agent de Condé arrêté par la police de l'abbé Foucquet avoua que Mme de Châtillon l'envoyait à Digby, que celui-ci lui apprenait les nouvelles, et qu'ensuite il les faisait passer à Condé réfugié en Belgique. Souvent aussi George Digby allait visiter la duchesse de Châtillon, il jouait à la boule et aux quilles avec elle. On dit qu'elle lui gagna de la sorte vingt-cinq ou trente mille livres. George Digby finit par être compromis. Il fut obligé de se démettre de sa charge de lieutenant général, il se réfugia aux Pays-Bas espagnols et se fit catholique. Il retourna en Angleterre au temps de la Restauration et mourut en 1677.

DOGNON (comte du). Louis Foucault, sieur de Saint-Germain-Beaupré, né vers 1616, fut vice-amiral de France en 1650. Après avoir servi dans le camp de Condé, il passa du côté de la cour et se fit payer de sa soumission. Il reçut en récompense le bâton de maréchal de France (1653). Il mourut en 1659. Les contemporains écrivent son nom D'Oignon, ou

De Dognon, ou Du Dognon, qui est plus exact. Il était ambitieux. Il eut la réputation d'être plus habile qu'honnête.

DU LUDE. *Voir plus bas* LUDE.

FEUQUIÈRES (Mme de). Anne Arnauld, mariée au marquis de Feuquières, était fille d'Isaac Arnauld, l'intendant des Finances. Le marquis de Feuquières était neveu du maréchal et du chevalier de Gramont.

FIESQUE (comtesse de). Gilonne d'Harcourt, d'abord femme du marquis de Piennes en 1632, veuve en 1640, se remaria en 1643 avec le comte de Fiesque. Elle appartint à l'entourage le plus intime de Mademoiselle, se mêla de politique et prit part à des coups de main pendant la guerre civile. Mais elle tint aussi une bonne place dans la société mondaine. Elle avait même fondé un ordre galant dont elle était la reine. Bussy n'a pas inventé la passion du chevalier de Gramont pour elle : Mademoiselle en parle dans ses *Mémoires*. Gontaut fut, dit-on, son amant en 1659. Bussy la juge « singulière en mérites ». Mais Saint-Simon nous dit qu'elle n'avait jamais eu que dix-huit ans, et qu'il lui était arrivé de vendre une belle terre pour acquérir un miroir qui lui plaisait. Mme Cornuel disait que ce qui conservait sa beauté, c'est qu'elle était salée dans sa folie. Dans ses aventures amoureuses, Bussy pense qu'elle était en réalité fort peu tendre, c'est-à-dire sensible, mais qu'elle avait l'esprit fort galant. La comtesse d'Olonne était l'une de ses intimes amies.

FOUCQUET (l'abbé). Basile Foucquet (*et non pas* Fouquet) était frère du surintendant. Né en 1622, il fut aumônier du roi. Mais il fut surtout, à partir de 1652, le chef d'une sorte de police parallèle au service de Mazarin. Elle comprenait une cinquantaine d'hommes de sac et de corde qui lui servaient d'indicateurs et de *bravi*. Il était entièrement attaché à Mazarin et par conséquent détestait son frère. Il était fort porté vers les femmes. Bussy n'a pas inventé la tyrannie qu'il exerça sur la duchesse de Châtillon. Mademoiselle en a parlé dans ses *Mémoires*. Il la délaissa ensuite et se tourna vers la comtesse d'Olonne (1658). Malgré sa brouille avec le surintendant son frère, il fut entraîné dans sa ruine. Il vécut, écarté des affaires, jusqu'en 1680.

GRAMONT (maréchal de). Antoine, duc de Gramont, naquit en 1604. Sa carrière commença en 1627. Il inspira confiance à Richelieu et y gagna d'être maréchal de France en 1641. L'année suivante, il laissa écraser son armée à Honnecourt. Il prit constamment le parti de la cour pendant les troubles, et en fut récompensé par la plus éclatante faveur. Il était parmi les quelques personnages qui approchaient le jeune roi tous les jours. Il fut duc et pair en 1663. Il avait fréquenté l'Hôtel de Rambouillet. Au dire de Tallemant, qui est l'écho de l'opinion commune, le maréchal, souple pour les premiers ministres, était assez fier pour tout le reste. A l'époque d'Honnecourt, les chansonniers le traitaient de sodomite.

GRAMONT (chevalier de). Philibert, abbé, puis chevalier, puis comte de Gramont, était frère du maréchal de Gramont. Il était né en 1621. Une série de scandales l'obligea à se retirer un certain temps en Angleterre. Il y épousa Mlle Hamilton qui fut plus tard l'amie de Racine converti. En 1653, Loret le range parmi les indévots notoires. Saint-Simon, qui l'a connu dans sa vieillesse, a dit de lui : « Ce fut également le mépris et la terreur de la cour par tout ce que son âge, sa valeur et sa malice lui donnaient le droit de dire. » Saint-Evremond le décrit comme un homme qui ne recherchait dans la conquête d'une femme que le plaisir de l'enlever à un autre, parlant en riant de l'amour comme du reste, se vengeant de celles qui ne l'écoutaient pas et de ceux qu'elles écoutaient, corrompant leurs valets, contrefaisant leur écriture, interceptant leurs lettres et déconcertant leurs rendez-vous. On est fort tenté de penser que Molière avait cet aimable personnage dans l'esprit lorsqu'il créait son Don Juan. Le comte de Gramont mourut en 1707.

GUICHE. Armand de Gramont, comte de Guiche, était fils du maréchal de Gramont et neveu du comte de Gramont. Il était né en 1638. Il était très beau, mais d'une beauté efféminée, et les contemporains ne doutaient pas de ses « goûts ». Il fut le favori de Monsieur, frère du roi, et Primi Visconti nous dit qu'il avait ruiné sa santé par la pratique du « vice italien au service des plaisirs de Monsieur ». Il fut aussi le grand ami de Manicamp, que Bussy, à bon escient, appelle dans son roman Giton. Avec les femmes, il ne faisait que « patrouiller », comme dit une chanson du temps. Mademoiselle, dans ses *Mémoires*, confirme Bussy et dit que Guiche « fit le galant » de la comtesse d'Olonne. Il était pervers et s'attira deux fois la colère de Louis XIV. En 1662 il compromit Madame, au point qu'il fallut l'envoyer à l'étranger. En 1665, il fut mêlé à une affaire de lettre anonyme qui devait apprendre à la reine la liaison du roi et de Mlle de la Vallière. Il fut cette fois envoyé en Hollande. En 1669, il eut l'autorisation de revenir. Il était d'ailleurs très brave sur le champ de bataille. Il mourut en 1673.

GUITAUT. Guillaume de Peichpeiroux-Cominges, sieur de Guitaut, était né en 1626. On l'appelait le petit Guitaut pour le distinguer de François de Cominges, comte de Guitaut : c'est celui-ci qui arrêta Condé le 18 janvier 1650 au nom du roi. Le « petit Guitaut », au contraire, était le favori de Condé, ou, plus précisément, sans doute son mignon. Enseigne de la compagnie de chevau-légers d'ordonnance du prince en 1647, il devint cornette de cette compagnie en 1648, et en 1651 Bussy fut contraint de lui céder sa charge de capitaine-lieutenant. Le petit Guitaut fut blessé aux côtés de Condé dans le combat du faubourg Saint-Antoine. Il mourut en 1685.

HOCQUINCOURT (maréchal d'). Charles de Monchy, maréchal d'Hocquincourt, était né en 1599. Il fut promu maréchal de France en 1651. Mais dès cette date Mazarin avait des doutes sur sa fidélité. Mme de Châtillon l'attira, lui tourna la tête, le manœuvra pour qu'il livrât Péronne au prince de Condé. Trop compromis, il ne lui resta plus qu'à passer aux Pays-Bas espagnols. Il se battit contre les troupes françaises et fut tué en 1658 au cours d'une escarmouche contre les avant-postes de l'armée royale. Pour connaître ce brave militaire dépourvu de cervelle, il faut lire la merveilleuse *Conversation du maréchal d'Hocquincourt avec le P. Canaye* par Saint-Evremond.

ISLE (vicomtesse de l'). Tallemant lui a consacré une *historiette*. Elle nous apprend que cette personne eut à propos de Bussy une grosse querelle avec Mme de Montglas, et que Bussy la quitta. Mais Tallemant n'en dit pas assez pour que nous puissions identifier avec certitude sa vicomtesse parmi les quatre femmes qui portèrent ce nom et qui sont connues. S'il fallait se décider, ce serait pour une vicomtesse de l'Isle dont le beau-père était gentilhomme de la chambre et la belle-mère dame d'honneur de la reine. La vicomtesse de l'Isle dont parle l'*Histoire amoureuse* se retrouve fâcheusement dans la *Carte du Pays de Braquerie*, « au milieu de la Carogne ».

IVRY Ce nom qui figure dans certaines éditions de l'*Histoire amoureuse des Gaules* est en réalité une erreur de lecture. Le nom de *Jarry* n'est pas plus exact. Il faut lire : *Thury* (voir ce nom).

JANIN de CASTILLE. Nicolas Janin de Castille était petit-fils du fameux président Janin, et fils d'un ancien marchand de soie passé dans l'administration des Finances. Il était lui-même trésorier de l'Epargne depuis 1644. Il avait, dit-on, fort peu d'esprit, mais il appartint à ce qu'on peut appeler la jeunesse dorée de la Régence. Il eut des liaisons avec Mlle de Guerchy et Mme de Nouveau. Tallemant nous dit qu'il eut « d'autres amourettes ». Il fut entraîné dans la ruine de Foucquet. Il mourut en 1691.

JARZAY. René du Plessis de la Roche-Pichemer, comte de Jarzay *(on écrivait aussi* Jerzé, Gerzay ou Gerzé). Avant la Fronde, il appartenait comme Vardes à la jeune noblesse libertine Il fut parmi les amants de Ninon de Lenclos. Il le fut aussi de la duchesse de Rohan. Avec les encouragements et le patronage public de Condé, il osa, en 1649, afficher une passion, qui n'était pas respectueuse, pour la reine Anne d'Autriche. Il se fit chasser. Il serra de près également la duchesse de Châtillon : une chanson en parle en termes fort grossiers. Mme de Motteville l'appelle dans ses *Mémoires* « le moins sage des hommes ».

LA BAUME (marquise de). Catherine de Bonne était mariée en 1648 au marquis de la Baume, qui fut sénéchal du Lyonnais. Elle fut la belle-sœur de la fameuse marquise de Courcelles. Elle attira l'attention par ses liaisons trop nombreuses. Celle qu'elle eut avec Candale fit du bruit. Son mari la fit enfermer dans un couvent par lettre de cachet. Ce fut elle qui perdit Bussy. Une lettre du duc d'Enghien, en 1665, justifie absolument le mal que Bussy a dit d'elle. Elle n'était pas seulement

« très galante ». Amie du marquis de Villeroy, elle écrivit, avec la connivence de ce dernier, une lettre anonyme à Mlle de la Vallière pour lui apprendre que Louis XIV la trahissait et avait une intrigue avec Mme de Monaco. Le duc d'Enghien écrit : « Je me garderais bien de la prendre pour confidente de mes secrets. »

La Feuillade (duc de). François d'Aubusson, duc de la Feuillade, était né vers 1631. Il était fameux pour son extraordinaire bravoure. Mais les contemporains trouvaient qu'il y mettait trop d'ostentation. Le cruel portrait que Bussy fait de lui fut un des endroits de l'*Histoire amoureuse* qui scandalisèrent le plus. La Feuillade fit d'ailleurs, au Louvre, une algarade à Bussy quelques jours avant son arrestation.

La Rivière. Louis Barbier de la Rivière était né en 1595. Il débuta très modestement comme régent, c'est-à-dire comme professeur au collège du Plessis. Mais il devint premier aumônier de Gaston, duc d'Orléans. Il fit dès lors une grande carrière, et put croire un moment qu'il serait cardinal. Il « gouvernait » la conduite de Gaston. Il avait même la réputation de le vendre à qui payait, et notamment à Condé. Il finit par être chassé par son maître. Il mourut en 1670, évêque de Langres.

La Rochefoucauld. L'auteur des *Maximes* n'apparaît qu'en passant dans l'*Histoire amoureuse des Gaules*. L'œuvre pourtant l'indigna. Il ne pouvait lui plaire que Bussy ressuscitât la vieille histoire de sa liaison avec Mme de Longueville, et qu'il parlât de son fils Marsillac comme d'un homme d'une rare stupidité. Dans ses *Mémoires*, Bussy dit tout net : « Lenet ayant appris que j'étais brouillé avec La Rochefoucauld... »

La Roche-Guyon (Mlle de). Jeanne-Charlotte du Plessis-Liancourt, fille unique d'Henri du Plessis, comte de la Roche-Guyon, épousa en 1659 François VII, duc de la Rochefoucauld, prince de Marsillac, qui figure dans l'*Histoire amoureuse des Gaules* sous le nom de Marsillac.

Lauzun. Antonin Nompar de Caumont, comte, puis duc de Lauzun, était né en 1633. Il vint de bonne heure à la cour, où il portait le titre de marquis de Puyguilhem. La comtesse de Soissons le présenta au roi. Il plut. Il était brave, plein d'esprit et n'avait que trop d'audace. Il devint gouverneur de Berry, maréchal de camp. Malgré une impertinence qui lui valut un séjour à la Bastille, il rentra en grâce. Il osa désirer la main de Mademoiselle de Montpensier, cousine germaine du roi (1670) et trouva le moyen d'être promu maréchal de France en 1671. Mais en novembre 1671 il fut mis à la Bastille, puis conduit à Pignerol. Il n'en sortit qu'en 1680 et fut exilé à Angers. Il mourut en 1723, après avoir joué de nouveau un rôle dans les affaires.

Le Camus. L'abbé Etienne Le Camus fit ses débuts comme aumônier du roi. Il était en même temps connu pour être « très débauché ». Plus tard il afficha des mœurs austères, devint évêque de Grenoble et cardinal. Il ne réussit pourtant pas à convaincre tout le monde de la pureté de ses intentions. On l'accusait d'être un grand intrigant et un ambitieux. L'opinion n'oubliait pas le Vendredi saint de Roissy. S'il est vrai que ce jour-là, un cochon de lait fut baptisé selon les rites, ce fut l'abbé Le Camus qui procéda au baptême.

LIANCOURT. Roger du Plessis, duc de Liancourt, n'apparaît dans l'*Histoire amoureuse des Gaules* que comme grand-père de Mlle de la Roche-Guyon. C'était l'ancien ami et protecteur de Théophile. Il était connu alors comme indévot. Mais sous l'influence de sa femme, il s'était converti. Il avait les meilleures relations avec Port-Royal. Son nom est inséparable des *Provinciales* et de l'histoire de leur genèse.

LONGUEVILLE (duchesse de). Anne-Geneviève de Bourbon, sœur de Condé, avait épousé en 1642 le duc de Longueville. Elle avait eu deux liaisons retentissantes avec La Rochefoucauld et avec Nemours. Mais elle était maintenant convertie et donnait dans la haute dévotion. Il est clair que Bussy ne l'aimait pas du tout, pas plus qu'il n'aimait aucun des parents de Condé.

LUDE (comte du). Henri de Daillon, comte, et plus tard (1675) duc du Lude. Il était grand maître de l'artillerie. Son inconstance en amour était notoire et inspira à Bensserade des vers charmants (on les lira dans les notes de Tallemant, Pléiade, II, p. 1009). Il aima notamment la comtesse de la Suze et la future Mme de Maintenon. Quant à Mme de Sévigné, les contemporains s'accordent à dire qu'elle se trouva compromise par la cour qu'il lui fit.

MADEMOISELLE. Anne-Marie-Louise d'Orléans, duchesse de Montpensier, était fille de Gaston, duc d'Orléans, et par conséquent cousine germaine de Louis XIV. Elle était née en 1627 et mourut en 1693. Toutes les histoires parlent du rôle qu'elle joua pendant la Fronde. Au retour du roi, elle vécut de longues années dans son château de Saint-Fargeau. Elle montra une vraie amitié pour Bussy, et l'on ne s'étonne pas que celui-ci cesse d'être médisant quand il parle d'elle. Mais nous devons bien voir que ces relations avec une princesse en disgrâce ne pouvaient que le compromettre davantage aux yeux de la cour.

MANICAMP. Bernard de Longueval, comte de Manicamp, fut du nombre des débauchés qui entourèrent la jeunesse de Louis XIV et faillirent la corrompre. Primi Visconti nous dit qu'il enseignait ouvertement « le blasphème et d'autres vices plus florentins que français », et qu'il les eût volontiers appris au roi. C'est à bon escient que Bussy lui donne dans son récit le pseudonyme de Giton. Son vice n'empêchait d'ailleurs pas Manicamp de faire la cour à des femmes, avec le dessein sans doute de les compromettre. Il était, au surplus, « un des hommes qui avaient le plus d'esprit ».

MARSILLAC. François, prince de Marsillac et plus tard duc de la Rochefoucauld, était né en 1634. Il mourut en 1714. Il était connu pour sa pesanteur d'esprit. Quand, en 1658, il forma une cabale politique à la Cour, on appela ceux qui s'en mêlèrent les *Endormis*. Ce nom explique la phrase de Bussy : « Marsillac qui avait des amis plus éveillés que lui... » Comme il avait une forte mâchoire, on parla d'une machoire d'âne. Une chanson se moque de « la mâchoire du gros Marsillac ». Il avait épousé en 1659 Mlle de la Roche-Guyon.

MAURE (Mme de). Anne Doni avait épousé le comte de Maure. Ils avaient tous deux fréquenté l'Hôtel de Rambouillet, au temps de son plus grand éclat. Ils étaient maintenant assidus chez la marquise de Sablé. A l'opinion publique ils paraissaient de braves gens un peu ridicules, et le comte de Maure avait été chansonné à l'époque du siège de Paris. Il n'en est pas moins vrai que le comte et sa femme prenaient une part active aux discussions philosophiques chez Mme de Sablé, et qu'en 1653 Loret rangeait le comte de Maure parmi les indévots notoires, à côté de Saint-Aignan, de Créquy et de quelques autres connus pour leur esprit.

MERCŒUR (duchesse de). Laure Mancini, nièce préférée de Mazarin, épousa en 1651 le duc de Mercœur. Mme de Motteville a parlé de la passion que Gramont afficha pour elle en 1656. Elle mourut prématurément l'année suivante. Elle s'était imposée au respect de la cour par sa vertu et par sa bonté.

MÉRILLE. Ce « principal confident » de Candale n'est pas aussi inconnu que les historiens de Bussy veulent le dire. Les *Mémoires* de Chavagnac, après avoir raconté comment Candale malade arriva à Lyon, nous disent : « Mérille son valet de chambre et confident de ses amours l'y revint trouver. Il eut une longue conférence avec lui. » Il est probable qu'après la mort de Candale, Mérille passa au service de Monsieur, car Cosnac nous parle d'un Mérille, premier valet de chambre de Monsieur, et qui était, dit-il, « un homme plein d'honneur, d'un cœur franc ».

MONTAIGU (milord). Les commentateurs ont droit d'hésiter entre deux hommes. Le père, Edme Montaigu, était établi en France depuis 1628. Devenu catholique, il était abbé de Saint-Martin de Pontoise. Il était l'ami de William Crofts. Un rapport de 1655 le décrit : « C'est un petit fou qui s'est fait prêtre... Il fait le bigot et grand catholique. Mais il n'y croit rien du tout. Mais cela lui sert à vivre. » Il avait un fils, qu'on appelait le petit milord Montaigu, qui appartenait à la société mondaine de Paris. On ne peut décider si Bussy pense au père ou au fils.

MONTBAZON (Mme de). Marie de Bretagne d'Avaugour, née en 1612, épousa en 1628 Hercule de Rohan, duc de Montbazon. C'était, nous dit Tallemant, une des plus belles personnes qu'on pût voir. Elle disputa à Mme de Longueville la royauté de Paris, et les deux femmes se détestaient. Mme de Montbazon eut plusieurs liaisons affichées, sans compter les adorateurs innombrables. Le maréchal d'Hocquincourt fit des folies pour elle. Elle mourut en 1653.

MONTGLAS (Mme de). Cécile-Elisabeth Hurault de Cheverny, née en 1618, avait épousé en 1645 le marquis de Montglas. Elle fut longtemps la maîtresse de Bussy, et elle est vraisemblablement la seule femme qu'il ait aimée. Elle appartenait à la société mondaine et figure à ce titre dans le *Dictionnaire* de Somaize. Elle avait aimé La Tour-Roquelaure, ce qui inquiète un peu sur son bon goût. Elle avait eu une galanterie avec le duc d'Elbeuf. Elle fut la maîtresse de l'abbé de Bullion, titulaire de l'abbaye de Saint-Faron. Tallemant a parlé aussi d'un abbé de Richou, que l'on n'a pas identifié. Mademoiselle nous apprend que Mme de Montglas était fort jolie et n'était pas médisante.

MOUY (Mme de). Il n'est pas possible de décider à quelle branche de la maison de Mouy appartenait cette dame. On peut même se demander, devant l'incertitude des différentes éditions, s'il ne faudrait pas lire *Mony*, comme font certaines d'entre elles. Un marquis de Mouy avait été lieutenant des gendarmes du cardinal de Richelieu, et avait été tué au combat en octobre 1635.

NEMOURS. Henri de Savoie, duc de Nemours, était né en 1625. Il fut tué en duel par le duc de Beaufort en 1652. Retz nous dit : « Moins que rien pour la capacité. » Mais il était très brave. Il eut une liaison fameuse avec la duchesse de Longueville, mais le véritable amour de sa vie fut la duchesse de Châtillon. Il l'aimait avant même la mort du duc de Châtillon, et quand il se fut laissé séduire par Mme de Longueville, la duchesse de Châtillon eut bientôt fait de le reconquérir.

OLONNE. Louis de la Trémoïlle, comte d'Olonne, était né en 1626. Il épousa Catherine Henriette d'Angennes en 1652. Il était apparenté à Condé, et celui-ci l'appuya dans la carrière des charges et des honneurs. Il était, sous le gouvernement de Mazarin, du monde où l'on s'amusait. Au dire du marquis de Sourches, il réunissait alors chez lui presque tous les gens de qualité « pour y jouer ou pour y trouver bonne compagnie ». Il forma avec quelques amis une société de gourmets, l'ordre des Coteaux. Il mourut en 1686.

OLONNE (Mme d'). Catherine-Henriette d'Angennes, femme du précédent. Elle commença par se faire une réputation de vertu, et Retz, qui eût souhaité lui faire la cour, y renonça. Puis elle se déchaîna et passa bientôt pour une Messaline. Il existe, en manuscrit, une comédie sur elle, qui ne serait pas publiable et qui fut pourtant publiée.

PAGET. Jacques Paget, sieur de Villecomble, maître des requêtes, intendant des Finances. Il était connu pour être le « protecteur des Partisans », c'est-à-dire complice des gens d'affaires qui mettaient le royaume au pillage. En 1662 il fut enveloppé dans la catastrophe qui atteignit Foucquet et les financiers. Il se trouva complètement ruiné. Il était marié. Sa femme, née Anne Gelée, avait un salon où les gens de lettres se rencontraient.

PALATINE (princesse). Anne de Gonzague de Clèves était née

en 1616. Elle se laissa séduire et épouser par Henri de Guise, lequel était encore, en 1639, archevêque de Reims. Il s'enfuit aux Pays-Bas espagnols, et le pape, pour faire pièce à Richelieu, releva cet archevêque de ses vœux. Anne de Gonzague partit pour le rejoindre, vêtue en cavalier (1641), fut arrêtée par la police française, et quand elle revit son mari, elle le trouva qui en avait épousé une autre (1642). Quatre ans plus tard (1645), elle épousa Edouard, duc de Bavière et prince palatin. Il était gueux et jaloux. Elle reprit bientôt son indépendance. Elle joua un rôle actif dans les intrigues de la Fronde. Retz a parlé avec admiration de ses capacités d'intelligence et de caractère. Mais d'autres ont signalé chez elle de l'intempérance d'esprit. Elle réussit du moins à se faire nommer surintendante de la maison de la reine. Elle renonça à cette charge à la mort de Mazarin. Elle mourut en 1684.

PRÉCY (Mme de). Les historiens n'ont pas réussi à identifier cette femme que Bussy dit qu'il a aimée.

PUISIEUX (Mme de). Charlotte d'Etampes-Valençay était née en 1597. Elle épousa en 1615 Pierre Brulart de Sillery, fils du chancelier Brulart. Il mourut en 1640. Elle lui survécut trente-sept ans. Quand elle mourut, en 1677, Mme de Sévigné écrivit : « Nous en voilà délivrés! » C'est qu'elle était impérieuse, intrigante, glorieuse au-delà de toute expression.

RICHELIEU (duc de). Armand Jean du Vignerot, duc de Richelieu, était petit-neveu du cardinal. Son père François de Vignerot, était frère de la duchesse d'Aiguillon. Il se maria en 1649 avec Anne Poussart, fille du marquis du Vigean et veuve de M. de Pons. Ce mariage fut un des grands scandales de l'époque. La duchesse d'Aiguillon déposa une plainte en rapt. Condé avait soutenu le jeune homme, comme il avait encouragé et aidé quelques années plus tôt l'enlèvement de Mlle de Montmorency-Bouteville.

RICHELIEU (marquis de). Jean-Baptiste-Amador du Vignerot, marquis de Richelieu, était le frère du précédent. Il était né en 1632. Il épousa en 1652 Mlle de Beauvais, petite-fille, on l'a vu plus haut, d'un fripier de la halle. Mme d'Aiguillon disait : « Mes neveux vont toujours de pis en pis; j'espère que le troisième épousera la fille du bourreau. » Le marquis de Richelieu était « bien fait, jeune, plein d'esprit et de courage ».

RICOUS. Le nom devait se prononcer *Ricousse*, car on le trouve souvent écrit de cette façon. Deux Ricous apparaissent dans l'histoire de Condé et de la duchesse de Châtillon. Ils étaient frères. Jean de Ricous servait d'agent de liaison entre Condé et la duchesse. Livré peut-être par celle-ci, il fut arrêté, torturé et exécuté en octobre 1653. Gaspar de Ricous vivait auprès de Condé à Bruxelles. Il fut fait prisonnier à la bataille des Dunes. Il avait été marié par Mme de Châtillon avec une Ecossaise nommée Mlle Fullerton. Cette Mme de Ricous était femme de chambre et confidente de la duchesse « et servait fort à ses mystères ».

ROQUELAURE. Gaston, marquis, puis duc de Roquelaure, naquit vers 1615. Il mourut en 1683. Il servit sous les ordres de Condé à Rocroi et fut fait maréchal de camp, lieutenant général (1650), duc et pair (1652). Tallemant lui a consacré une *historiette*. Elle prouve que le personnage était insolent et fanfaron jusqu'à l'extravagance. Sa liaison avec Mme de Lesdiguières fit grand bruit. Il fut plus tard amoureux de Mlle du Lude et l'épousa en 1653. Elle mourut en 1657, dévorée d'amour pour l'infidèle marquis de Vardes.

ROUVILLE. François, marquis de Rouville, était le frère de la deuxième femme de Bussy-Rabutin. Il fut parmi les amants de Marion de Lorme. Il avait la réputation d'être joueur et dépensier. Loret, en 1653, le nomme parmi les indévots notoires, avec Saint-Aignan, Créquy, Brancas, le chevalier de Gramont et quelques autres. D'après Tallemant, il succéda au maréchal d'Hocquincourt dans les faveurs de Mme de Montbazon et il y laissa « bien des plumes ».

SAINT-CHAUMONT (Mme de). Elle était sœur du maréchal de Gramont, tante de Guiche, gouvernante des enfants de Monsieur et de Madame. Cosnac dit à son sujet : « Je lui trouvai du bon sens, un bon cœur, du zèle et de l'amour pour Monsieur et Madame. » Mais lorsque Henriette d'Angleterre essaya de retenir Monsieur qui s'abandonnait à son vice, Mme de Saint-Chaumont encourut la disgrâce du prince. Elle fut chassée.

SAINT-EVREMOND. Il s'agit de l'écrivain célèbre. Il avait bien connu Bussy à l'état-major de Condé, il s'était brouillé comme lui avec son chef. Il aimait Pétrone comme lui. Mais plus tard, s'il parla avec admiration de l'esprit et du style de Bussy, il ne cacha pas son mépris pour un homme qui n'avait pas supporté l'exil avec la même dignité que lui.

SÉVIGNÉ (Mme de). Elle aimait beaucoup son cousin Bussy-Rabutin. Il semblait l'aimer, et aurait bien voulu lui plaire. Mais elle le tint à distance. Puis, en 1658, au moment de partir pour l'armée, il lui demanda de l'argent, et elle n'en trouva pas à lui prêter. Il se vengea en la mettant dans l'*Histoire amoureuse des Gaules*. Elle en fut fâchée quelques années, puis elle pardonna à ce cousin qui avait tant d'esprit.

SILLERY. Louis-Roger Brulart de Sillery était né en 1619. Il épousa la sœur de La Rochefoucauld. Il était par conséquent l'oncle de Marsillac. Il avait, au dire de Saint-Simon, beaucoup d'esprit, mais nulle conduite. Il a son nom sur certaines des listes qui furent faites de l'ordre des Coteaux (Voir plus haut, OLONNE). Il mourut en 1691.

SOURDIS (Mme de). Elle apparaît dans l'*Histoire amoureuse*, et il est probable qu'il s'agit alors de Jeanne de Montluc, mariée avec Charles d'Escoubleau, marquis de Sourdis. Mais comme elle mourut en 1657, ce n'est pas elle qui dénonça à Bussy la trahison de son ancienne amie Mme de la Baume.

THURY. Odet d'Harcourt, comte de Croisy, marquis de Thury, était né en 1615. Il était frère du marquis de Beuvron. C'est donc bien lui que Bussy a mis dans l'*Histoire amoureuse*, et non pas un imaginaire Ivry. Il mourut en 1661.

TURENNE. Le nom du maréchal de Turenne n'apparaît qu'une fois dans l'*Histoire amoureuse des Gaules*, à propos de l'histoire des troubles civils. Bussy détestait Turenne, il lui reprochait d'avoir fait plus de cas de Créquy que de lui-même. L'antipathie était apparue dès la première campagne où Bussy avait servi sous les ordres de Turenne. Elle s'était aggravée depuis.

VARDES. François-René du Bec-Crespin, marquis de Vardes, était né en 1621. Il prit part aux campagnes de Condé, et son portrait apparaît déjà dans le *Grand Cyrus*. Ses conquêtes féminines furent innombrables. Il afficha ses liaisons avec Mme de Lesdiguières, avec Mme de Roquelaure, avec Mlle de Thoiras. Quand il se maria, en 1656, avec la fille du président Nicolaï, il eut, contre sa propre famille, l'appui de Candale et celui de l'abbé Foucquet. Il avait la tête très belle. Il aimait les sciences, il étudiait les belles-lettres et la philosophie. Mais il était cruel et pervers. En 1662, il réussit à compromettre Madame. Il trompa indignement son ami Guiche. Ses manœuvres éclatèrent en 1664. Il fut mis à la Bastille en mars 1665. Quand il en sortit, ce fut pour être conduit à la citadelle de Montpellier. Il y resta un an et demi. Après ce temps, il obtint l'autorisation d'aller à Aigues-Mortes, dont il avait le gouvernement. Il dut attendre jusqu'en 1683 pour être autorisé à reparaître devant le roi. Il revint donc, vieilli mais toujours élégant. Comme à Bussy, l'accueil du roi lui prouva qu'il n'avait aucun emploi à espérer. Il mourut en 1688.

VASSÉ. Henri-François, marquis de Vassé, avait épousé en 1651 la fille du marquis de Lansac. On l'appelait Son Impertinence. C'est Rouville *(voir ce nom ci-dessus)* qui lui avait donné ce surnom. Il fut l'un des amants de Ninon de Lenclos. Il eut une liaison avec la présidente L'Escalopier et fit l'amoureux de Mme de Sévigné.

VERTUS (Mlle de). Catherine de Bretagne, demoiselle de Vertus, était la sœur de Mme de Montbazon. Elle fut l'une des amies de Mme de Longueville. Elle mourut en 1692 à Port-Royal-des-Champs où elle était retirée depuis vingt-deux ans.

VILLARCEAUX (marquis de). Louis de Mornay, marquis de Villarceaux, était né vers 1619. Il se maria en 1643. Sa principale liaison fut d'abord avec Mme de Castelnau. Il eut aussi une « amourette » avec Ninon, mais une amourette passionnée. En 1652 elle quitta Paris et se retira dans le Vexin pour le voir plus aisément. Elle eut deux enfants de lui. Il mourut en 1693.

VILLARCEAUX (abbé de). René de Mornay, abbé de Saint-Quentin-lez-Beauvais, était le frère du marquis de Villarceaux.

Il avait surtout la réputation d'être joueur et dépensier. Il mourut en 1691.

VILLARS (Mme de). Marie Gigault de Bellefonds était née vers 1624. Elle épousa en 1651 le marquis de Villars. Elle fut la mère du maréchal de Villars. Elle était, nous dit Tallemant, « folle de son mari ». Elle occupait un rang honorable dans la bonne société, et quand Christine de Suède vint à Paris, elle « cajola » fort Mme de Villars. Celle-ci mourut en 1706. Quand Bussy nous dit que le comte de Fiesque fit d'elle un moment sa maîtresse, c'est au sens qu'avait ce mot au XVIIe siècle.

VINEUIL. Louis Ardier, sieur de Vineuil, s'attacha au prince de Condé et lui dut son ascension dans la société. On l'appelait à la cour le marquis de Vineuil. Il avait acheté une charge de secrétaire du roi. C'était, nous dit Tallemant, un garçon qui avait de l'esprit et qui était bien fait. Il eut une liaison avec la jeune Anne de Coligny quand elle n'était pas encore mariée. Il entra en rapport avec Mme de Châtillon et acquit une grande influence sur elle, mais l'historien de la duchesse, Emile Magne, n'a pas trouvé de texte qui confirme ce que dit Bussy d'une liaison entre elle et Vineuil. Ce qui est sûr, c'est qu'en 1657, Vineuil perdit les bonnes grâces de Condé. Le prince écrivait alors : « Pour Vineuil, c'est un coquin dont je ne veux pas ouïr parler. » Beaucoup plus tard, Mme de Sévigné le rencontra (1675). Elle le trouva « bien vieilli, bien toussant, bien crachant et dévot, mais toujours de l'esprit ».

VIOLE (le président). Pierre Viole, président au Parlement. Il fut à Paris l'homme chargé des intérêts de Condé réfugié aux Pays-Bas espagnols. Il fut pour cette raison en rapports constants avec la duchesse de Châtillon : il était d'ailleurs son cousin germain. Il est difficile de se représenter l'homme qu'il fut. La cour le jugeait inquiet, vindicatif et emporté. Mais aussi il était, dit-on, « homme de plaisir et de nulle application à son métier ».

VIVONNE. Louis de Rochechouart, duc de Vivonne, était né en 1636. Il était le frère de celle qui devint plus tard Mme de Montespan. Il était jeune, beau et plein d'esprit. En 1659, il fut amoureux de la comtesse de Fiesque, mais quand Guitaut reparut, qui était l'ancien amant de la comtesse, Vivonne n'eut qu'à se retirer. Il était d'ailleurs un amant très distrait, et qui pis est, il disait du mal de lui-même devant ses maîtresses. Sa déchéance, postérieure à l'*Histoire amoureuse*, fut rapide. Il devint, au dire de Mme de Sévigné, « aussi pourri de l'âme que du corps », et Primi Visconti écrivait à son sujet : « Il n'a de goût que pour les mauvais lieux, a horreur des dames, vit séparé de sa femme, et lui préfère les coquines les plus prostituées. » Vivonne n'en était pas moins, à cette époque, l'objet de l'amicale admiration de Boileau. C'est qu'il était très intelligent. Brienne écrit : « On dirait qu'il est pétri d'un autre limon que nous. » Le duc de Vivonne mourut en 1688.

WURTEMBERG (princesse de). Anne de Coligny était la fille du maréchal de Châtillon et par conséquent la sœur de Mme de la Suze. Elle épousa en 1648 Georges de Wurtemberg. On a vu que Vineuil avait eu une liaison secrète avec elle quand elle n'était pas encore mariée. Elle mourut en 1680.

TABLE DES MATIÈRES

Chronologie 5
Préface 10
Bibliographie 19

HISTOIRE AMOUREUSE DES GAULES

Lettre apologétique du comte de Bussy au duc de Saint-Aignan 23
Au lecteur 29
Histoire d'Ardélise (Madame d'Olonne) 31
Histoire d'Angélie et de Ginolic (Madame et M. de Châtillon) 93
Fin de l'histoire de Madame d'Olonne 133
Histoire de Madame de Cheneville (Madame de Sévigné) 145
Histoire de Madame de Montglas et de Bussy . . . 157

Index des noms cités 169

DERNIÈRES PARUTIONS

ARISTOTE
Parties des animaux, livre I (784)

AUFKLÄRUNG. LES LUMIÈRES ALLEMANDES (793)

AVERROÈS
Discours décisif (bilingue) (871)
L'Intelligence et la pensée (974)

BALZAC
La Peau de chagrin (899)
Le Père Goriot (826)
La Rabouilleuse (821)

BARBEY D'AUREVILLY
Une vieille maîtresse (955)

BAUDELAIRE
Au-delà du romantisme. Écrits sur l'art (1010)

BICHAT
Recherches physiologiques sur la vie et la mort (808)

LE BOUDDHA
Dhammapada (849)

BÜCHNER
La Mort de Danton. Léonce et Léna. Woyzeck. Lenz (888)

CALDERÓN
La vie est un songe (bilingue) (973)

CHRÉTIEN DE TROYES
Érec et Énide (bilingue) (763)
Perceval ou le Conte du graal (bilingue) (814)

COMTE
Discours sur l'ensemble du positivisme (991)

CONFUCIUS
Entretiens avec ses disciples (799)

DESCARTES
Les Passions de l'âme (865)
Lettre-préface des *Principes de la philosophie* (975)

DOSTOÏEVSKI
Le Joueur (866)

ÉPICTÈTE
Manuel (797)

ÉSOPE
Fables (bilingue) (721)

FABLES FRANÇAISES DU MOYEN ÂGE
(bilingue) (831)

FABLIAUX DU MOYEN ÂGE
(bilingue) (972)

FÉVAL
Le Bossu (997)

GOETHE
Écrits sur l'art (893)

GRADUS PHILOSOPHIQUE (773)

HEGEL
Préface de la *Phénoménologie de l'esprit* (bilingue) (953)

HÉLOÏSE ET ABÉLARD (827)

HISTOIRE DE LA LITTÉRATURE FRANÇAISE
Le Moyen Âge (957)
De Villon à Ronsard (958)
De Montaigne à Corneille (959)
Le Classicisme (960)
De Fénelon à Voltaire (961)
De *L'Encyclopédie* aux *Méditations* (96

HISTOIRES D'AMOUR ET DE MOR LA CHINE ANCIENNE (985)

HUME
L'Entendement. Traité de la nature humaine, livre I (701)

IBSEN
Hedda Gabler (867)

JOYCE
Les Gens de Dublin (709)

KÂMA SÛTRA (1000)

KANT
Métaphysique des mœurs I (715)
Métaphysique des mœurs II (716)

LACLOS
Les Liaisons dangereuses (758)

LAFAYETTE
La Princesse de Clèves (757)

LA FONTAINE
Fables (781)

LAFORGUE
Les Complaintes (897)

LAMARCK
Philosophie zoologique (707)

LEIBNIZ
Principes de la nature et de la grâce. Monadologie et autres textes (863)
Système de la nature et de la communication des substances (774)

LESSING
Nathan le Sage (bilingue) (994)

LE TASSE
La Jérusalem délivrée (986)

LUCRÈCE
De la nature (bilingue) (993)

MALEBRANCHE
Traité de morale (837)

MARLOWE
Le Docteur Faust (bilingue) (875)

MARX
Manuscrits de 1844 (784)

MARX & ENGELS
Manifeste du parti communiste (1002)

MAUPASSANT
Les Sœurs Rondoli (832)

MONTESQUIEU
Lettres persanes (844)

NERVAL
Leo Burckart. L'Imagier de Harlem (597)

NIETZSCHE
Ainsi parlait Zarathoustra (881)
Le Gai Savoir (718)
Généalogie de la morale (754)

PASTEUR
Écrits scientifiques et médicaux (825)

PLATON
Apologie de Socrate. Criton (848)
Cratyle (954)
Lachès. Euthyphron (652)
Protagoras (761)

PLUTARQUE
Vies parallèles I (820)
Vies parallèles II (841)

PONGE
Comment une figue de paroles et pourquoi (901)

ROBERT LE DIABLE (878)

RONSARD
Le Bocage. Les Meslanges (810)

ROUSSEAU
Profession de foi du vicaire savoyard (883)

SAY
Cours d'économie politique (879)

SCHOPENHAUER
Sur la religion (794)

SHAKESPEARE
Antoine et Cléopâtre (bilingue) (895)
Hamlet (bilingue) (762)
Le Roi Lear (bilingue) (882)
Le Songe d'une nuit d'été (bilingue) (891)

STENDHAL
Le Rose et le Vert (901)

STRINDBERG
Mademoiselle Julie. Le Pélican (970)

SWIFT
Les Voyages de Gulliver (969)

TITE LIVE
Histoire romaine. La Libération de la Grèce (989)

THOMAS D'AQUIN
Contre Averroès (713)

TURGOT
Formation et distribution des richesses (983)

VOLTAIRE
La Princesse de Babylone. L'Ingénu (858)

WHARTON
Fièvre romaine (818)

ZOLA
Naïs Micoulin (984)

GF-CORPUS

L'Âme (3001)
Le Désir (3015)
L'État (3003)
L'Histoire (3021)
Le Langage (3027)
Le Libéralisme (3016)
La Nature (3009)
Le Nihilisme (3011)
La Paix (3026)
Le Pouvoir (3002)
Le Scepticisme (3014)
La Sensation (3005)

GF-DOSSIER

CHATEAUBRIAND
Mémoires d'Outre-Tombe, livres I à V (906)

CORNEILLE
L'Illusion comique (951)

DIDEROT
Jacques le Fataliste (904)

HUGO
Hernani (968)
Ruy Blas (908)

LESAGE
Turcaret (982)

MARIVAUX
La Double Inconstance (952)
Les Fausses Confidences (978)

MOLIÈRE
Dom Juan (903)
Le Misanthrope (981)
Tartuffe (995)

MONTAIGNE
Sans commencement et sans fin. Extraits des *Essais* (980)

MUSSET
Les Caprices de Marianne (971)
On ne badine pas avec l'amour (907)

RACINE
Bérénice (902)

ROUSSEAU
Les Rêveries du promeneur solitaire (905)

SÉNÈQUE
Médée (992)

GF Flammarion

983784/1-VIII-1998 — Bussière Camedan Imprimeries, St-Amand (Cher).
N° d'édition FG 13005. — 1er trimestre 1967. — Printed in France.